LES

ANOBLIS DE L'AIN

DE 1408 A 1829

D'APRÈS DES DOCUMENTS AUTHENTIQUES

PAR

ALBERT ALBRIER

MEMBRE DE PLUSIEURS SOCIÉTÉS SAVANTES.

Extrait de la *Revue du Lyonnais*

LYON

IMPRIMERIE D'AIMÉ VINGTRINIER

Rue de la Belle-Cordière, 14.

1873

LES

ANOBLIS DE L'AIN

DE 1408 A 1829

LES

ANOBLIS DE L'AIN

DE 1408 A 1829

D'APRÈS DES DOCUMENTS AUTHENTIQUES

PAR

ALBERT ALBRIER

MEMBRE DE PLUSIEURS SOCIÉTÉS SAVANTES.

Extrait de la *Revue du Lyonnais*

LYON

IMPRIMERIE D'AIMÉ VINGTRINIER

Rue de la Belle-Cordière, 14.

1873

LES ANOBLIS DE L'AIN

De 1408 à 1829.

—

Sous la puissance des princes de Savoie comme sous
la domination des souverains de France, de nombreuses
lettres de noblesse ont été accordées pour des services
divers à des personnes nées ou possessionnées dans les
pays qui forment actuellement le département de l'Ain.
Enregistrées à la Chambre des Comptes de Savoie,
puis, après 1601, à celle de Bourgogne et Bresse, ces
lettres, qui conféraient la noblesse héréditaire, étaient
transcrites sur les registres de ces compagnies, ac-
quittaient un droit fiscal et n'avaient force de droit
qu'après l'accomplissement de ces formalités. Grâce à
de si minutieuses mesures, bien des titres importants
ont été préservés de la destruction et sont aujour-
d'hui déposés aux riches archives de la Côte-d'Or. Les
documents classés B 548³, B 548⁴ et B 548⁵ se ratta-
chent à la période savoisienne (1408-1601), et ceux
cotés B 30 à B 80 se rapportent à la période française (1601-1789). Quelques-uns ont déjà été publiés
par nous dans les *Mémoires de la Société savoisienne
d'Histoire et d'Archéologie* (1), d'autres ont été édités par

(1) Chambéry, t. XII, 1870, in-8, p. 305.

un de nos amis, M. Jules d'Arbaumont, dans la *Revue Historique et Nobiliaire* (1) ; plusieurs sont inédits. Réunir en une même étude tout ce qui intéresse les anoblis de Bresse, Bugey, Dombes, pays de Gex et de Valromey nous a paru une chose bonne et utile, aussi avons-nous cru devoir ne pas nous arrêter à l'avènement de la Révolution de 1789, et pousser nos investigations jusqu'à l'époque actuelle, trop peu connue des érudits, au point de vue héraldique. Bien des omissions se sont sans doute glissées dans la dernière partie de cette étude , nous prions nos lecteurs de vouloir bien nous les signaler ; nous leur en serons infiniment reconnaissant (2).

AMÉDÉE VIII DE SAVOIE. — 1391-1440.

1. Le Bourget, 10 janvier 1408. Lettres de noblesse accordées à Pierre Prévot de Brossia, du bourg Saint-Christophe en Bresse. Les armoiries ne figurent pas au registre.

2. Thonon, 10 mai 1430. Lettres de noblesse accordées à François Guigonard, de Pont-de-Vaux, secrétaire du duc. Ces lettres font mention d'Etienne Guigonard, frère de François, anobli lui et sa postérité *usque in infi. nitum*. Les armoiries ne sont pas décrites au registre.

3. 22 février 1437. Lettres de noblesse accordées à

---

(1) Paris, Dumoulin, 1866, in-8.

(2) Adresser toutes communications à M. A. Albrier, membre de plusieurs Sociétés savantes, soit à Dijon, 41, rue Saint-Philibert, soit à Sivry-lès-Arnay, par Arnay-le-Duc (Côte-d'Or), soit enfin à Fleurey-lès-Mont-Saint-Jean, par Mont-Saint-Jean, même département.

Jacques-Marc Tardy, de Pont-de-Vaux, en Bresse. *Armes d'azur au chevron d'argent, accompagné de trois étoiles de même et un chef aussi d'argent.* En 1289, Barthélemy Tardy était feudataire du sire de Bagé (1); en 1362, Guerry Tardy vivait en Bresse (2); en 1563, noble Léonarde Tardy, fille de feu noble Albert Tardy, bourgeois de Pont-de-Vaux, et veuve de Claude de Vineria, déclare tenir une rente *rière* à Pont-de-Vaux (3); la même année, Philibert Tardy, prêtre, chanoine de Pont-de-Vaux, et noble Claude Tardy, son frère, bourgeois dudit lieu, enfants de feu noble Hugonin Tardy, déclarent posséder une petite rente *rière* à Pont-de-Vaux qui n'est pas du fief du duc et qui a été acquise par ledit Hugonin de feu noble Jean de la Salle, bourgeois de *Pont-de-Ville (sic)* (4); le 20 février 1616, Philibert Tardy, fils de Claude, doyen des avocats au siége de Bourg en Bresse, est pourvu de l'office de conseiller au siége présidial de la même ville (5); François, son fils, aussi conseiller au même bailliage, le 14 août 1651 (6), reçoit, en 1662, comme nous le verrons, des lettres de relief de noblesse ; le 14 mai 1719, Joseph-Ignace Tardy, écuyer, conseiller aux bailliage et siége présidial de Bourg,

---

(1) V. Peincédé. *Recueil de Bourgogne*, aux Archives de la Côte-d'Or. t. XXI, f° 525.

(2) V. Peincédé, t. XXI, f° 691.

(3) V. Peincédé, t. XXI, f° 457.

(4) V. Peincédé, t. XXI, f° 457. Claude était en outre bailli de Pont-de-Vaux.

(5) Archives de la Côte-d'Or, B. 37, f° 150. Philibert mourut en 1642.

(6) B. 47, f° 865.

reprend la Bellière de fief (1) ; le 5 mars 1722, Charles-François Tardy, sieur de Leal et de la Bellière, est nommé président au siége présidial de Bourg en Bresse (2) ; enfin, le 20 mai 1745, Pierre Tardy devient lieutenant alternatif et triennal des droits de sortie et d'entrée établis à Nantua (3). V. n°s 109, 144 et 141.

LOUIS 1er. — 1440-1465.

4. Genève, 7 mars 1447. Lettres de noblesse accordées à Jean Pelletrat, de Treffort, secrétaire du duc. Jean Pelletrat fut plus tard conseiller ordinaire du duc de Savoie (24 février 1464) puis secrétaire du comte de Bresse (6 août 1486). D'après un manuscrit de Guiche-

---

(1) B. 10,950. Joseph-Ignace Tardy, seigneur du Grand et du Petit-Léal, dont il reprit de fief le 11 mars 1702, fut aussi syndic de la noblesse de Bresse. Il avait épousé Jeanne de Burge. V. Peincédé, t. XIV. f° 286.

(2) B. 63. Il se démit en 1740 en faveur de Philippe Paradis.

(3) Le nom de Tardy est très-répandu en Bourgogne, Bresse, Lyonnais et Roannais. Les Tardy de Dijon portent *d'azur à trois étoiles d'argent au chef d'or*. Jean-Philibert-Antoine Tardy, chevalier, de la Carrière, le 10 juillet 1810, député au Corps législatif et président du tribunal de Bourg en Bresse, né à Pont-de-Veyle, le 27 décembre 1741, appartenait-il à la maison Tardy de la Bellière ; ses armoiries étaient (comme nous le verrons) *d'argent au pin terrassé de sinople, au chef d'azur chargé de trois étoiles d'argent ; bordure de gueules du tiers de l'écu chargée au deuxième point du chef du signe des chevaliers de l'empire*. Les Tardy, de Perreux, fondus dans les Rainneville et titrés marquis sous la Restauration portaient autrefois *d'azur à trois étoiles d'or, deux et une et un croissant aussi d'or mis en cœur ;* plus tard ils prirent le même blason que MM. de la Carrière, sauf la bordure de chevalier, blason qui n'est autre, d'après M. ed La Roque, à peu de chose près, que celui d'une ancienne famille de Tardy, fondue en 1316 dans la maison de Montravel et connue depuis sous le

non, conservé à la bibliothèque de la Faculté de médecine de Montpellier, Jehan Pelletrat, le plus ancien
membre connu de cette famille, aurait pris part à la
croisade de 1147, avec Didier de la Balme. Jean, Philibert
et François Pelletrat furent conseillers d'Etat de Savoie,
et un de leurs descendants, Jean, reçut du duc de Guise
la charge de gouverneur des pays de Dauphiné, Bresse et
Bugey. Antoine Pelletrat, commissaire d'artillerie à
Cluny, lutta, dit-on, avec deux bourgeois de cette ville, le
13 juin 1570, contre trois protestants de l'armée de Bri-
quemont, pour décider du sort de la cité assiégée et
sommée de se rendre, et prit depuis comme devise ces
mots : *Fides et Patria*. Cette famille, alliée aux Favre
(1430), Bergier (1468), Gaillard (1575), Nanton (1589),
Suremain (1667), Galopin (1658), etc., a donné des
élus en l'élection de Mâcon, des chevaliers de
Malte, des mousquetaires gris, des officiers supérieurs,
etc. ; elle subsiste encore en la personne de M. Claude-
Charles Pelletrat de Borde, fils de François-Louis Pelletrat de Borde-Saint-Léger, propriétaire, et de Margue-
rite-Joséphine Rei du Mouchet, mariée à Françoise-Sabine
Desrioux de Messimi (1). Armes : *D'azur, au chevron
d'or accompagné de trois croissants d'argent ;* d'Hozier,
dans son *Armorial général* (*Bourgogne*, Mss. de la bibliothèque de la rue Richelieu, n° 188), fait les croissants
d'or et non *d'argent ;* quant à Guichenon, il blasonne

---

nom de Tardy de Montravel. *Lettre de M. le docteur Octave de Viry,*
9 mars 1872.

(1) V. *Indicateur héraldique et généalogique du Mâconnais*, par Adrien
Arcelin. Mâcon, Durand, 1865, in-8, p. 291.

ainsi : *D'azur, à deux membres d'aigle d'or mis l'un sur l'autre.*

PHILIBERT II. — 1497-1504.

5. 9 août 1499. Lettres de noblesse accordées à Jean Aymon, secrétaire du duc de Savoie, père de Philibert Aymon, secrétaire et trésorier de Claude de Bretagne, duchesse de Savoie, en 1508. Parmi les membres de cette famille, qui existe encore, nous citerons : François, seigneur de Montépin, homme d'armes de la compagnie du duc de Bellegarde ; Charles, sieur de Montépin, époux de Sabine de Dortans ; Sara, femme de François Paffin, avocat en Parlement ; Jean-François, gendarme de la compagnie de la garde du roi ; Antoine-Ignace, seigneur de Montépin et du Bois-d'Ortant ; Jeanne, mariée en 1563 à Pierre Polliat, archer des ordonnances du roi très-chrétien ; Marie, femme, en 1696, de Jean Bachet, écuyer ; Jules, ancien pair de France ; Xavier, littérateur, l'un des otages de la Haute-Saône en 1870, né à Apremont, en 1824, etc. Armes : *D'azur à un besant d'or posé en abîme* (1). V. nᵒˢ 71, 96 et 106.

6. Saint-Jean-de-Maurienne, 14 décembre 1502. Lettres de noblesse accordées à Jean-François Duport, conseiller d'Etat et juge-mage de Savoie. Jean-François Duport laissa d'Aymée de Rossillon : 1° Jean-Louis ; 2° Jacques, sénateur de Savoie ; 3° Jean, auteur des Duport de Vignolles ; 4° François, religieux à Saint-Antoine de Chambéry (2). Jean-Louis, écuyer du duc de

(1) V. *Armorial de la ville d'Autun*, par Harold de Fontenay. Autun, Dejussieu, 1868, in-8, p. 93.

(2) V. *Les Antonins de Chambéry*, par F. Rabut, apud *Mémoires et do-*

Savoie, épousa Pernette de Loissey et en eut trois fils : Perrot Duport, le plus jeune, seigneur de la Balme et de Pierre-Châtel, fut le père de Scipion, seigneur de la Balme et de Champ-d'Azar, créé marquis de Pontcharra pour sa brillante conduite à la bataille de ce nom (1). Parmi les descendants de ce dernier on remarque N.... Duport, auteur des Duport de Loriol et de Mont-plaisant ; Jean-Louis, marquis de Pontcharra, gen-darme du roi et époux de Marie d'Yse ; Charles-François, marquis de Pontcharra, lieutenant du grand maître de l'artillerie, chevalier de Saint-Louis, et mari de Diane d'Arbalestier ; François, marquis de Pontcharra, commissaire provincial de l'artillerie, chevalier de Saint-Louis et époux de Louise Comboucier de Beaumont-du-Terrail ; Louis-Victor, marquis de Pontcharra, major du corps d'artillerie, chevalier de Saint-Louis et mari de sa cousine Marie Combourcier de Beaumont-du-Terrail de La Mure ; Jean-Charles-Frédéric, marquis de Pontcharra, capitaine d'artillerie, chevalier de Saint-Louis, mort à Rennes, en 1854, en laissant de Paule-Lucrèce de Bannes de Puygiron : 1° Charles-Louis-César, marquis de Pont-charra, colonel d'artillerie, chevalier de Saint-Louis, commandeur de la Légion d'honneur, marié à Marie-Aurélie Gues-Willer, d'où deux fils: 2° Hippolyte Paul-Fré-déric, marquis de Bannes, (le 21 juillet 1827), chef d'es-cadron, chevalier de Saint-Louis, officier de la Légion d'honneur, époux de Lucrèce Morin de Louvigne, d'où un fils ; 3° Jules-César-Alphonse, comte de Pontcharra,

cuments publiés par la Société savoisienne d'Histoire et d'Archéologie, t. VII, p. 458.

(1) Le 17 septembre 1591 ; il avait épousé Péronne de Migieu.

chef d'escadron en retraite, décoré de la Légion d'honneur, marié, en 1830, à Pauline-Andréa-Clémentine-Zoé du Bergier (1), d'où deux fils et une fille. Armes : *Palé et contrepalé d'argent et d'azur de dix pièces ; alias, palé d'argent et d'azur de six pièces à la trangle de sable brochant sur le tout.* Devise : *Cingit et obstat.* V. n° 98.

CHARLES III. — 1504-1553.

7. Septembre 1511. Lettres de noblesse accordées à Pierre Le Quat, secrétaire du bailliage de Bresse, 3° aïeul d'Abraham Le Quat, avocat à Mâcon, et 4° aïeul de Nicolas Le Quat, avocat à Bourg-en-Bresse, qui obtinrent, comme nous le verrons, des lettres de relief de noblesse en 1651. Armes : *D'azur à la fasce d'or accompagnée en chef d'un lion passant de même, et en pointe de trois molettes d'éperon aussi d'or, posées 2 et 1.* V. n° 86.

8. Turin, 15 avril 1515. Lettres de noblesse accordées à Aymon Mallinier, de la ville de Bourg en Bresse. Armes décrites au registre : *Bandé de six pièces d'argent et de gueules itéré dessus le tout vert et azur.* Devise : *Bon feu à Mallinier.*

9. Turin, 14 février 1520. Lettres de noblesse accordées à Léonard de Migieu. La famille de Migieu, qui existe encore à Arcolière, près Yenne en Savoie, a projeté en Bourgogne un rameau qui a donné des membres au Parlement et aux Etats de la province. A ce rameau appartenaient : Antide de Migieu, marquis de Savi-

---

(1) V. *La Famille Varenne de Fenille, d'après des documents authentiques,* par A. Albrier, apud *Revue du Lyonnais,* juillet 1872, p. 37, note 2.

gny (1), président à mortier au Parlement de Bourgogne ; Abraham-François de Migieu, marquis de Savigny en 1718 ; Guy de Migieu, marquis de Savigny, conseiller au Parlement de Bourgogne, « cœur bon, franc, plein de droiture, noble et désintéressé autant qu'il est possible (2) ; » Anthelme-Michel-Laurent de Migieu, chevalier, marquis de Savigny, seigneur de Varennes-les-Ruffey, reçu aux États de Bourgogne de 1748 ; Éléonore de Migieu, mariée à Anne-Philippe de Ganay, chevalier, seigneur comte de Lusigny, lieutenant-colonel du régiment Dauphin, chevalier de Saint-Louis, reçu aux États de Bourgogne de 1778 (3) ; Anne-Barbe-Charlotte de Migieu de Savigny, épouse, en 1782, de Charles Richard de Montangé, conseiller au Parlement de Bourgogne, d'où trois filles mariées, l'une au général de La Loyère (4), l'autre au comte d'Archiac de Saint-Simon (5), et la troisième

(1) Savigny fut érigé en marquisat, en 1706, en faveur de M. de Migieu. C'est aujourd'hui une commune du canton de Beaune (Nord).

(2) « Savigny, ancien et beau château, où le seigneur, M. le marquis de Migieu, chevalier de Saint-Louis, qui joint le bon goût à l'érudition, a rassemblé une collection d'antiques, tels que vases étrusques, romains, gaulois, chinois, urnes, marbres, figures, lampes, armes de toute espèce, pierres gravées, médailles, clefs, sceaux anciens. La cour et les jardins sont ornés de bas-reliefs.... » V. Courtépée, *Description du duché de Bourgogne*. Dijon, Lagier, 1847, t. II, p. 351.

(3) V. Lettre de M. le comte de Ganay, 10 septembre 1871.

(4) Pierre-Joseph-Armand-Jean-Baptiste-Marie-Catherine de Beuverand de La Loyère, général de brigade, commandeur des ordres de Saint-Louis et de la Légion-d'Honneur, né à Dijon le 26 février 1782, mort à Savigny, le 4 janvier 1857, en laissant une fille, Mme de La Teyssonnière, et trois fils.

(5) Etienne-Louis-Marie-Philibert-Armand-Alfred Dexmier de Saint-Simon, comte d'Archiac, né en 1786, mort à Dijon le 7 juillet 1866, père de deux fils. L'un d'eux avait épousé la fille du maréchal comte Gérard.

au comte Ferdinand d'Esterno (1). Armes : *De sable à trois étoiles d'argent*, alias *d'or*.

10. Chambéry, 22 mars 1521. Lettres de noblesse accordées à Jean, fils d'Antoine Carron, de Saint-Germain-les-Roussillon en Bugey. Les armoiries ne figurent pas au registre mais sont indiquées ainsi par Guichenon : *D'azur à trois carreaux d'argent posés* 2 *et* 1.

11. Saint-Jean-de-Maurienne, 10 septembre 1525. Lettres de noblesse accordées à Jean et à François Bergier « *fideles consiliarii*, dit le duc, *et magistri hospitii nostri Francisci de Bellegardæ.* » Les armoiries ne figurent pas au registre ; Guichenon donne : *D'argent à trois roses de gueules à un muffle de léopard de même posé en abîme*. Devise : *Finis præcepti charitas*. Les Bergier ou Berger d'Eschanay et de Charancy, qui portaient *d'azur, à un mouton passant d'argent, couronné de gueules et accompagné de trois étoiles d'or en chef* étaient-ils réellement de la même famille, comme on l'a prétendu. Nous ne savons ; tout ce que nous pouvons affirmer c'est que noble Bergier Deschanay, coseigneur d'Ozenay et de Gratay en Mâconnais, fit son testament le 30 mai 1595, et laissa de Lazarre des Ferrières un fils, Georges, et quatre filles, et que Claude, fils de Claude Bergier ou Berger, écuyer, seigneur de Charancy, de Saint-Didier et de Baroy, épousa, le 6 février 1651, Anne-Pierre, fille de Pierre de Touzain, écuyer, seigneur

(1) Aimé-Ferdinand, comte d'Esterno, capitaine de cavalerie, mort à Dijon le 4 prairial an XIII. Son fils, agronome et publiciste distingué, a fait longtemps partie du Conseil général de Saône-et-Loire.

de Mercey, Saint-Prix et Largillaz, gentilhomme de la chambre, et de Jeanne-Marie Brocard (1).

EMMANUEL-PHILIBERT. — 1553-1580.

12 (2). Chambéry, 15 décembre 1561. Lettres de noblesse accordées à Jacques Quisard, jadis chanoine de Ripaille; Urbain Quisard, seigneur de Crans et co-seigneur de Guinet, et Michel Quisard, châtelain de Nyon, enfants de feu Michel Quisard, de Nyon, qui était issu lui-même d'une ancienne et honorable famille. Les armoiries ne figurent pas au registre.

13. Fossart, 4 août 1562. Lettres confirmatives de noblesse accordées à Claude Orset, anobli par l'empereur Charles-Quint. Les armoiries ne sont pas décrites au registre. Orset, en Savoie, portait *de gueules au chien d'argent assis sur un serpent d'or, tenant une de ses pattes sur la tête;* Orset, en Bugey, avait pour blason : *De gueules au chef d'argent chargé de cinq tours de sable.*

14. Chambéry, 1er mars 1563. Lettres de noblesse et de légitimation accordées à Humbert et à Jean Bernard, de Treffort, fils d'Hustache Bernard, prêtre, et de Jean-

(1) Nous citerons encore : René Berger de Charancy, seigneur dudit lieu, entré aux Etats de Bourgogne de 1685, et Georges-Louis Berger de Charancy, chanoine de la cathédrale d'Autun et évêque de Montpellier en 1738. Les armoiries attribuées à ce dernier par M. A. Fourtier sont erronées. V. *Armorial des évêques de Montpellier,* apud *Revue nobiliaire,* 1866, p. 352.

(2) En mai 1555 des lettres de noblesse datées de Fontainebleau ont été accordées par le roi de France, Henry II, à Guillaume Goy, natif d'Yennes en Bugey et ont été enregistrées à la Chambre des Comptes de Dijon le 9 juillet suivant.

nette Daboret. Un membre de cette famille, Jean Bernard, écuyer de la princesse de Picardie, avait épousé Guye, fille de Jacques Espiard, receveur du bailliage d'Auxois en 1417, et de Blanche-Jeanne de Cordesse, et en avait eu : 1° Charles, seigneur de Fley, lieutenant du bailli d'Auxois en 1480, mari de Marie Le Maire et père de Madeleine, veuve, en 1516, de François de Ferrières de Chassagne ; 2° Jeanne ; 3° Antoinette, femme de Vincent Le Noble, grenetier au grenier à sel d'Arnay-le-Duc, puis de Jean Le Maire de la Bondue, procureur-général au Parlement de Bourgogne ; 4° Bonne, épouse de Jean de Clugny (1). — Cette maison, connue depuis sous le nom de Bernard de Dompsure et de Bernard de Pelagey, subsiste encore en Franche-Comté. Armes : *D'azur* (alias *de gueules*) *au chevron d'or, accompagné en chef de deux étoiles d'argent et en pointe d'un croissant* (alias *d'une rose*) *de même.* V. n°s 18 et 124.

15. Quiers, 21 octobre 1563. Lettres confirmatives de noblesse accordées à Pierre Polliat, archer des ordonnances du roi très-chrétien, sous la charge du duc, et fils de feu Claude Polliat, anobli lui-même par le duc Charles, mais ayant perdu ses lettres de noblesse. Pierre Polliat avait épousé Jeanne Aymon de Montépin. Armes : *D'azur à un pégase volant d'argent aux deux ailes de même.*

16. Nice, 1er janvier 1564. Lettres de noblesse accordées à Vincent Julliard, de Colomieu en Bugey, autrefois châtelain de Rossillon (*sic*). Armes : *D'or à un*

(1) Archives de M. Henry d'Espiard, au château de Mazille (Nièvre).

cœur de gueules avec un demi-trait à dextre et deux étoiles, une de chaque côté du trait, le tout de gueules.

17. Turin, 1er mai 1564. Lettres de noblesse accordées à Louis Marin, de Chanaz en Bugey. Armes : *D'azur à trois bâtons brotés d'or et une bande de gueules à travers chargée de trois heaumes d'argent.* Un Barthélemy Marin, de Mâcon, fils sans doute de Pierre Marin, receveur particulier de cette ville en 1426, reçut, au mois d'août 1462, des lettres de noblesse (1) ; était-il de la même famille ? Les Marin de Montmarin, marquis de la Châteigneraie, originaires de Bourgogne, portent : *D'azur, à la fasce d'or, accompagnée en chef de trois croissants d'argent rangés en fasce et en pointe d'un coq d'or* (alias *de sable*), *becqué et membré de gueules* (2).

18. Turin, 17 septembre 1565. Lettres de déclaration de noblesse accordées à noble Jacques Bernard, fils de feu Calixte Bernard de Treffort, noble de toute ancienneté et originaire de Belley. V. nos 14 et 124.

19. Turin, 1er juin 1568. Lettres de noblesse accordées à Pierre Baudin, né à Saint-Jean-le-Vieux, huissier en la Chambre des Comptes de Chambéry et archer du corps des ordonnances de France. Armes : *D'or à un cheval de sable rampant d'argent.* Devise : *Est mihi pro domino.*

20. Brou, 16 août 1569. Lettres de noblesse accor-

(1) V. Recueil de Peincédé.
(2) V. *Recherches biographiques sur Denis-Marin de La Châtaigneraie, conseiller d'État, intendant des finances sous Louis XIV*, par Amanton. Dijon, Frantin, 1807.

dées à Jacques Gabet, capitaine du château d'Echec, près Montluel. Armes : *D'azur clairsemé d'étoiles d'or à une foi au naturel.* Jean-Marie-Angélique Gabet de Beauséjour, avocat du roi en la sénéchaussée et siège de l'élection de Dombes, en 1782, né à Lyon en 1759, était-il de cette maison?

21. Bourg-en-Bresse, 1er juillet 1570. Lettres de noblesse accordées à Philibert de Gières, natif de Lyon et résidant en Bresse. Armes : *De gueules à un griffon d'argent rampant, au chef d'azur chargé de trois étoiles d'or.*

22. Turin, 1er décembre 1573. Lettres de noblesse accordées à Pierre, fils de Jacques Brijod, de Lassigneux en Bugey. Armes : *De gueules au levrier d'argent en fasce, la gorge ouverte.*

23. Turin, 8 juillet 1576. Lettres de noblesse accordées à Etienne Gonnard, de Châtillon-les-Dombes. Les armoiries, qui ne figurent pas au registre, sont *d'azur à la bande d'or chargée de trois étoiles de gueules et accomdaynée de deux croissants d'argent.*

24. Turin, 13 août 1580. Lettres de noblesse accordées à Alexandre Guynet de Montgrillet, de Lagoieux en Bugey, faisant profession d'armes. Armes : *De gueules à trois macles d'or.* Devise : *Ad œtera* (sic) *virtus.*

CHARLES-EMMANUEL. 1580-1630.

25. Nice, 15 mai 1582. Lettres de noblesse accordées à Hector et à Philippe Bellet, frères, de Pont-d'Ain, d'une famille différente de la maison Bellet de Tavernost.

Armes décrites au registre : *D'azur à une bande engrêlée d'argent chargée d'un écu de sinople à une belette d'or, accolée de gueules, clarinée d'argent.* Devise : *Superat solertia vires* (1).

26. Nice, 15 mai 1582. Lettres de noblesse accordées à Georges, à Claude et à Jean Grosjean, dits de Bordes (alias Desbordes), frères, de Cerdon en Bugey. Armes : *Parti d'argent et de sinople, l'argent à un dextrier naissant de gueules, emmorsé, bridé, chanfrainé et empanaché d'or, le sinople à une molette d'or mise en fasce.* Devise : *Gratus honore labor.* V. n° 68.

27. Chambéry, 8 août 1584. Lettres de noblesse accordées à Etienne de Rincel, de Bourg en Bresse, entrepreneur et munitionnaire du fort Saint-Maurice. Armes décrites au registre : *D'azur à une bande de gueules accompagnée d'une hermine d'argent et de deux coquilles d'or, une étoile à cinq rais aussi d'or au second, quatre en chef, et au troisième un croissant d'argent* (2). Devise : *Fortitudine et labore.*

28. Chambéry, 1er septembre 1584. Lettres de noblesse accordées à Claude Baron-Sage, du val de Rougemont, marié à dame Péronne de Syon, sœur de noble Louis de Syon, seigneur dudit lieu et gentilhomme ordinaire du duc de Nemours, avec pouvoir de porter les

_____

(1) Guichenon blasonne ainsi : *D'azur à deux cotices engrêlées d'argent, la senestre chargée d'une belette d'or accolée de gueules et clarinée d'argent.*

(2) Une note du cabinet des titres à la bibliothèque de la rue Richelieu donne aux de Rincel les armoiries suivantes : *Tiercé en pal, au 1er de gueules à une hermine d'argent accompagnée en chef de deux coquilles et en pointe d'une étoile à cinq rais, le tout d'or; au 2e d'azur à la bande d'argent et au 3e de gueules au croissant d'argent.*

armoiries de la maison de Syon, armoiries non décrites au registre, mais qui sont *de gueules à un cygne d'argent.*

29. Turin, 3 juin 1585. Lettres de noblesse accordées à Benoît Bertier ou Bertrier, de Nantua, fils de Michel Bertier. Armes : *D'azur à une aigle d'or perchée sur deux rameaux d'olivier d'argent feuillés et fruités de même.* Devise : *Ex labore fructus.*

30. Turin, 20 janvier 1586. Lettres de noblesse accordées à François Calliat, natif du pays de Dombes, ancien capitaine et allié à plusieurs maisons nobles. Armes : *De gueules à un dragon d'argent rampant, tenant un besant d'or au coste* (sic). Devise : *Viri ignea cedit.*

31. Turin, 6 juin 1587. Lettres de déclaration et confirmation de noblesse accordées à nobles François et Louis de Saint-Sulpis, frères, de la paroisse de Saint-Jayet en Bresse, issus de la maison de Saint-Sulpis, près Bagé, et ayant été qualifiés de roturiers quoique nobles d'ancienneté. Les armoiries ne figurent pas au registre, mais elles sont connues et sont *de gueules à la bande d'hermine.*

32. Turin, 18 juin 1587. Lettres de réhabilitation de noblesse accordées à Claude Rubat, de la ville de Saint-Rambert, en Bugey, fils de Jean Rubat, qui testa le 1er mai 1556, et neveu de noble Antoine Rubat, secrétaire de Madame Béatrix de Portugal et maître en la Chambre des Comptes de Savoie, et de noble Christophe Rubat, secrétaire du duc Charles. Claude Rubat, qui avait dérogé en exerçant les fonctions de châtelain de Saint-Rambert, fut secrétaire des guerres en 1583 et

conseiller-maître auditeur en la Chambre des Comptes de Chambéry en 1589. La famille Rubat, alliée aux de Livron, Brunet, Guichard, Gaultier, Noly, Bourdon, Rotrou, Chandelux, etc., a donné entre autres : Jean-Claude Rubat, avocat du roi à Belley ; Jean-François et François Rubat, avocats en Parlement ; François-Emmanuel, capitaine au régiment d'Enghien ; Étienne, député au Corps législatif, conseiller à la Cour de Dijon et chevalier de la Légion d'honneur ; François-Marie, seigneur de Mérac, secrétaire de la Cour des Comptes de Grenoble. Cette famille, qui existe encore, porte *d'azur à une croix potencée d'or* (1).

33. Turin 5 avril 1588. Lettres de confirmation et d'approbation de noblesse accordées à Gabriel de Bérald, seigneur de Meronna, natif du comté de Bourgogne et fixé en Bresse. Armes: *d'azur à une tête de léopard d'or armée et lampassée de gueules, au chef d'azur chargé d'une étoile à cinq rais d'or.*

34. Carmagnola, 29 septembre 1588. Lettres de réhabilitation, confirmation et concession de noblesse accordées à Gaspard Chabol ou Cabod, de Saint-Rambert — Les lettres énoncent que le père de l'exposant, Jean, avait eu *train d'appoticaire* et avait été pour cela déclaré roturier, et que son aïeul, Guillaume, était enseigne des

---

(1) V. A. Arcelin, *loc. cit.*, p. 329 ; d'Hozier attribue à Jean-Baptiste Rubat, bourgeois de Mâcon, le blason suivant : *de gueules à la croix d'or.*

Le 14 octobre 1872, François Rubat, capitaine commandant au 9e de cuirassiers, chevalier des ordres de la Légion-d'honneur et de Sainte-Anne de Russie, a épousé Marie-Jeanne-Claudia-Loïsa Chandelux, d'une ancienne famille de Chalon-sur-Saône, qui porte *d'azur à trois luths d'or posés 2 et 1.*

logis du duc. Armes : *d'azur, à trois fleurs de lys d'or, au chef d'argent, à un lion issant de sable.*

35. Gex, 13 octobre 1589. Lettres de noblesse accordées à Jean Jacob, de Châtillon-lès-Dombes, en Bresse, issu d'une famille noble. Armes : *d'azur, à un chevron brisé, ondé d'argent, accompagné de trois têtes de léopards d'or, langués de gueules.* Cette maison, qui écartèle actuellement aux 1 et 4 de Jacob et aux 2 et 3 de Guichenon, est représentée aujourd'hui par Antoine-Victor Jacob de la Cottière, officier supérieur, et par Eugène-Jacob de la Cottière, l'éminent auteur du *Chemin de la lune* et de *Mes semblables.*

36. Gex 13 octobre 1589. Lettres de noblesse accordées à Jean Chappelier de Châtillon-lès-Dombes, page de messire des Alimes, ambassadeur à la cour de France. Armes : *d'argent, à trois fasces de sinople, accompagnées en chef de deux palmes de même, passées en sautoir.* Devise : *Rerum prudentia victrix.*

37. Chambéry, 12 décembre 1589. Lettres de noblesse accordées à Antoine Duboys, fils de Jean Duboys, de Saint-Trivier, ayant exercé la profession des armes, et petit-fils de N... Dubois, guidon d'une compagnie de 50 lances des ordonnances du duc. Armes : *d'azur, à un chevron d'or, accompagné de trois quintefeuilles de même, 2 en chef et 1 en pointe.* V. n° III.

38. Turin, 15 novembre 1590. Lettres de noblesse accordées par l'infante dona Catherine d'Autriche, duchesse de Savoie, à Jean-Claude de Leaz ou Deleaz, d'Escrivieux en Bugey, lieutenant de chevau-légers, et à Pierre de Leaz, son fils, capitaine de 200 hommes de

pied. Armes décrites au registre : *d'azur, à deux lions d'or, tournés l'un contre l'autre, lampassés et armés de gueules.* Devise : *Et vires et animas.* V. n° 55.

39, Savigliano, 8 juin 1591. Lettres de réhabilitation de noblesse accordées à Antoine et à Jean Brunet, d'Oyonnax. Les armoiries ne figurent pas au registre.

40. Turin, 17 décembre 1591. Lettres de noblesse accordées par la duchesse de Savoie à François Sottonaz, dit Tocquet, de la ville de Nantua. Armes : *de gueules à un chevron renversé d'argent, chargé en pointe d'une étoile de sinople et accompagné de deux étoiles d'or, l'une en chef et l'autre en fasce.* Devise : *speravi et spero.*

44. Turin, 22 décembre 1591 Lettres de noblesse accordées par la duchesse de Savoie à Antoine Dantin, capitaine d'Echec et châtelain de Montluel. Armes : *d'azur, au chevron d'or, accompagné en pointe d'un croissant d'argent ; au chef de même chargé d'un lion naissant de gueules.* V. n° 61.

42. Turin, 20 février 1593. Lettres de noblesse accordées à Jean de la Guillie, dit de Molan, seigneur de la tour de Neuville, noble d'origine, mais sans titres, étant né en France. Armes : *parti d'or et d'argent à un lion de gueules et d'azur de l'un en l'autre.* Devise : *En force et féaulté.*

43. Rivoli, 3 juillet 1593. Lettres de noblesse accordées à Charles et à Philippe Vernat, frères, de Meximieux, pour services rendus au duc de Savoie. Armes : *d'azur, à une oie d'argent tenant en son bec un rameau de verne de sinople.*

44. Turin, 14 octobre 1593. Lettres de noblesse accordées à Abraham Vermeil, de Cerdon en Bugey.

Armes : *d'or à un taureau rampant de gueules et armé de sinople.* Devise : *Utilis et laboriosus.*

45. Turin, 31 janvier 1594. Lettres de noblesse accordées à Martin Philibert, de Peroges en Bresse. Armes : *d'azur, à la bande engrêlée d'or, accompagnée de trois besants de même.* Devise : *Cuique suum.*

46. Turin, 1ᵉʳ mars 1594. Lettres de noblesse accordées à Benoît Ruffin, de Pont-de-Vaux en Bresse. Armes : *de sinople, à trois étoiles d'or et un croissant d'argent.* Devise : *Sic Deo placuit.*

47. Turin, 31 mars 1594. Lettres de noblesse accordées à *noble* François Galliand *(sic)*, de Bourg en Bresse, fils de feu Thomas Galliand. Armes : *d'azur à un chevron d'or, à trois étoiles de même en chef et un croissant d'argent en pointe.* Devise : *Præmium virtutis honor.* V. nᵒ 54.

48. Turin, 23 juin 1594. Lettres de noblesse accordées à Gaspard Bruyset, secrétaire général des guerres, et à Pompée Bruyset, son père, maître des Comptes et secrétaire d'Etat, issus d'une honorable famille de Belley. Armes : *parti en fasce d'or endanté par dessus azur, à trois besants d'or; chef d'argent à trois bouts d'épée de gueules.* V. nᵒ 69.

49. Turin, 1ᵉʳ avril 1597. Lettres de noblesse accordées à Antoine, à Etienne et à François du Grosdrenet, frères, de la ville de Belley, en raison des services rendus surtout par Antoine, dans la guerre contre Genève, services qui furent en outre récompensés, le 15 mars 1598, par une place de conseiller auditeur en la Chambre des Comptes de Savoie. Armes : *d'azur à un serpent d'argent mis en bande.* Devise : *Fato prudentia major.*

50. Turin, 22 avril 1597. Lettres de relief de noblesse accordées à Pierre, à François et à Marc de Quinson, demeurant à Villebois, issus d'une ancienne famille noble, mais fils et petits-fils de gens ayant dérogé en faisant trafic de marchandises. Armes : *d'hermine à la bande de gueules* ; alias *d'hermine plein.* Devise : *Suavis suavi.* V. n°ˢ 63 et 119.

51. Montmélian, 1ᵉʳ avril 1598. Lettres de noblesse accordées à Claude Bione (*sic*), de Champagne en Valromey, qui avait combattu contre les infidèles et reçu plusieurs blessures. Armes : *d'azur, à un bras armé d'or, abotti d'une main d'argent, empoignant une épée nue aussi d'argent, croisée et pommettée d'or, mise en pal avec une petite croix raccourcie d'argent placée sur la pointe de l'épée, et sous le pommeau d'icelle, un cœur d'or.* Devise : *Dirigit et erigit.* V. n° 56.

52. Thonon, 9 octobre 1598. Lettres de noblesse accordées à Benoît de Guiffrey et à Gaspard et Jean, ses deux fils, de Benonces, en Bugey, pour services militaires. Armes : *d'azur, à un griffon d'or, ailé et becqué d'argent.* Devise : *Tuendo.*

53. Chambéry, 1ᵉʳ avril 1600. Lettres de réhabilitation de noblesse accordées à noble Louis-Philibert Mareschal, dit Bassieu, du Bugey, tant pour lui que pour noble Claude Mareschal, son père, alors âgé de 90 ans, et pour Gabriel, son frère, nobles tous de race, ainsi que leur bisaïeul, qui vivait en 1383 ; n'ayant pu produire leurs titres, ils avaient été imposés. Armes : *de sinople, à deux tours d'argent, l'une plus haute que l'autre, et un croissant de même placé à la pointe de l'écu.*

HENRI IV, roi de France. — 1589-1610.

54. Saint-Germain-en-Laye, juillet 1602. Lettres de confirmation de noblesse (1) accordées à François de Galian (*sic*), écuyer, commandant une compagnie de gens de pied au service du roi et ayant eu charge de sergent-major de la ville de Bourg en Bresse. Armes décrites au registre : *d'azur, au coq d'or, tenant en son bec un serpent d'argent perché sur un lion couché d'or, lampassé, orné et viléné de gueules, le coq becqué, crêté, barbé et membré de gueules.* V. n° 47.

55. Fontainebleau, novembre 1603. Lettres de confirmation de noblesse accordées à Pierre de Leaz (ou Deleaz), écuyer, et à Philibert de Leaz, son frère, fils de feu Jean-Claude de Leaz, lieutenant de chevau-légers, demeurant à Escrivieux en Bugey. V. n° 38.

56. Fontainebleau, novembre 1603. Lettres de confirmation de noblesse accordées à Claude Bione (*sic*), de Champagne en Valromey, anobli par le duc de Savoie, le 1er avril 1598. V. n° 51.

57. Paris, 5 mars 1604. Lettres de maintenue de noblesse accordées à Philibert Maréchal de Montsimon, ex-gentilhomme du duc de Savoie, et fils d'un contrô-

_____

(1) En vertu d'un édit royal et d'une ordonnance de S. M., toutes les lettres de noblesse concédées depuis quelques années à des personnes habitant les pays cédés à la France par le duc de Savoie, furent annulées; les intéressés durent se pourvoir de lettres de confirmation. Mesure fiscale peu digne d'un grand prince.

leur général des guerres (1). Armes : *d'azur, à la fasce d'argent, accompagnée en chef de deux étoiles et en pointe d'un croissant de même.* V. n° 74.

58. Montereau, 26 juillet 1604. Lettres ordonnant que demoiselle Edmée Devenet (2), veuve d'Isaac de Chanal, juge mage de Bresse, ses enfants François et Isaac de Chanal et leur postérité, jouiraient du privilége de noblesse à eux acquis par la charge de juge-mage qu'exerçait leur époux et père, privilége reconnu par lettres patentes du 20 novembre 1598. Armes : *d'azur, à la bande ondée d'argent, accompagnée de deux lionceaux de même.* V. nᵒˢ 65, 67.

59. Paris, août 1606. Lettres de noblesse et de légitimation accordées à Hercule des Roys, fils naturel de feu André des Roys, seigneur de Mascon, dernier rejeton d'une des plus anciennes familles du Bugey, et ce pour services militaires. Une de ses descendantes, Françoise-Alix des Roys, épousa Pierre de La Martine, chevalier de Pratz, capitaine de cavalerie, fils de Louis-François de La Martine, seigneur de Montceau, la Tour de Milly, Urcy, capitaine d'infanterie, chevalier de Saint-Louis, reçu aux États de Bourgogne de 1748, et de Jeanne-Eugénie Dronier de Pratz, et en eut cinq filles (3) et

---

(1) Ces lettres de maintenue furent accordées à Philibert Maréchal de Montsimon, en conséquence de la charge de contrôleur des guerres remplie par lui et son père.

(2) Jean-Baptiste Devenet, écuyer, président du tribunal civil de Dijon, membre du conseil municipal de cette ville, du conseil administratif des hospices, etc., chevalier de la Légion d'honneur, décédé à Dijon, le 13 janvier 1830, était-il de la même famille que Mᵐᵉ de Chanal ?

(3) Mᵐᵉ de Glans de Cessiat, de Coppens d'Hondschoote, de Vignet, de Montherot et Dupont de Ligonnès.

un fils qui fut l'illustre auteur des *Harmonies*, des *Méditations* et de l'*Histoire des Girondins* (1). Les armoiries ne figurent pas au registre.

60. Fontainebleau, septembre 1609. Lettres de noblesse accordées à Reymond d'Escrivieux, procureur du roi aux bailliage et siége présidial de Bourg en Bresse, issu d'une ancienne et notable famille, en récompense de ses services judiciaires. Armes : *d'argent, au chevron de gueules, accompagné de trois palmes de sinople posées en pal, 2 et 1*. V. n° 112.

LOUIS XIII. — 1610-1643.

61. Paris, septembre 1612. Lettres royales qui ratifient les lettres de noblesse accordées par le duc de Savoie à Antoine Dantin ; lettres royales données elles-mêmes à Jacques Dantin, conseiller et avocat du roi aux bailliage et siége présidial de Bourg en Bresse, à Balthazard et à Jean-Baptiste Dautin, tous trois fils d'Antoine Dantin. V. n° 41.

62. Paris, mars 1613. Lettres de noblesse accordées pour services militaires à Jacques de Grilliet, dit d'Ennemont, seigneur de la Sardière en Bresse, fils naturel

(1) La famille des Roys était possessionnée, en 1602, à Neyrieu en Bugey, paroisse de Saint-Bonnet-de-Saissieu. V. *Nobiliaire de l'Ain, Bugey et pays de Gex*, par J. Baux. Bourg, Martin-Bottier, 1864, p. 67 ; et *Lamartine et sa famille d'après des documents authentiques*. Lyon, Aimé Vingtrinier, 1869, in-8, p. 33. Ce dernier travail, œuvre très-consciencieuse, est dû à la plume élégante et facile de M. E. Révérend du Mesnil, auteur d'un *Armorial historique de Bresse, Bugey*, etc., dont le monde savant attend la publication avec une vive impatience.

légitimé (1), de Jacques de Grilliet, prieur d'Ennemont (Innimont), et de Jeanne Gaudillon, non mariée. Armes : *d'azur, au chevron d'or, surmonté d'un croissant d'argent et accompagné de trois grelots d'or.*

63. Paris, 10 mars 1615. Lettres patentes ordonnant d'enregistrer purement et simplement les lettres de relief accordées, en 1597, à Pierre, à François et à Marc de Quinson, issus d'une famille noble, mais fils et petits-fils de gens ayant dérogé. V. n°s 50 et 119.

64. Paris, 3 mai 1617. Lettres de réhabilitation de noblesse accordées à François de Croyson, capitaine de Seyssel en Bugey, issu d'une famille noble du duché de Genevois, mais dont le père avait dérogé en faisant le négoce et en tenant fermes. Les armoiries ne figurent pas au registre.

65. Paris, 28 septembre 1617. Lettres de relief de noblesse accordées à Catherine de Chanal, veuve de Vincent de Saint-Loup, garde du scel du bailliage de Mâcon, laquelle, issue de famille noble (2), avait dérogé par mariage. V. n°s 58, 67.

66. Paris, 24 octobre 1618. Lettres d'exemption accordées à Claude-François Druays de Franclieu, écuyer, compris à tort au rôle des tailles de Bresse, étant fils de Mathieu Druays, maréchal des logis, anobli par le roi Henri III, en juin 1586. Armes : *d'argent, à une moucheture d'hermine de sable.* V. n° 120.

67. Paris, 13 février 1619. Lettres de relief de

(1) La légitimation avait eu lieu du consentement du comte de Grilliet de Saint-Trivier, chef de la famille.

(2) Mme de Saint-Loup était fille d'Isaac de Chanal, dont il est question au n° 61.

noblesse accordées à Anne de Chanal, fille d'Isaac de Chanal et veuve de François Grattier (1), seigneur de Condemines, laquelle avait dérogé par mariage (3). V. nos 58 et 65.

68. Pergnac, 8 octobre 1620. Lettres de confirmation de noblesse accordées à Claude et à André Desbordes, fils de Georges Grosjean, dit Bordes, anobli par le duc de Savoie le 15 mai 1582. V. n° 26.

69. Compiègne, 23 juin 1624. Lettres confirmatives de noblesse accordées à Marc Bruyset, de la ville de Belley, fils de Gaspard Bruyset, secrétaire des guerres, anobli en 1594, par le duc de Savoie. V. n° 48.

70. Nantes, 1er juillet 1626. Lettres de noblesse accordées à Michel Vuarrier de Luyrin, du pays de Gex. Les armoiries ne figurent pas au registre.

71. La Rochelle, novembre 1628. Lettres confirmatives de noblesse accordées à François Aymon de Montepin, du pays de Bresse, en récompense de ses services militaires et de ceux de ses fils, François et Hercule (2). V. nos 5, 96 et 106.

72. ..... 1633. Lettres de noblesse accordées à Philippe Reydellet, de la la ville de Belley. Un de ses descendants, M. Reydellet de Chavagnac, épousa

(1) La famille Grattier, alliée aux Meissonnier, Sagie, Rey, Levrat, Olivier, Viveret, Salornay, Bouderon, a fourni des avocats au Parlement, des officiers à l'armée, des capitaines de frégate, etc. Armes : *d'azur à une fasce d'argent accompagnée de trois têtes de bélier arrachées de même, deux en chef et une en pointe.*

(2) Mme Grattier de Condemines était sœur de Mme de Saint-Loup, mentionnée au n° 65.

(3) François Aymon de Montépin descendait de Jean Aymon, anobli en 1499. V. n° 5.

Huguette, fille de M. Regard de Reclesne, chevalier, baron de Digoine, et d'Huguette Guillaume, petite-fille de Gabriel Guillaume écuyer, seigneur de Pressigny et Quemigny, substitut du procureur général près le Parlement de Bourgogne, mort en 1717, et de Denise Le Belin, arrière-petite-fille de Pierre Guillaume, écuyer, seigneur de Pressigny, vicomte majeur de la ville de Dijon (1663-1665), et de Jacqueline Morisot. Un Reydelet de Chavagnac a été chanoine comte de Mâcon. Armes : *d'azur, au lion d'argent, à la fasce de gueules brochant (alias posée) sur le tout et chargée de deux étoiles d'or.* V. n° 122.

73. Saint-Germain-en-Laye, février 1634. Lettres de confirmation de noblesse accordées à Jean-Baptiste, à Claude, à Christophe et à François Livet, établis en Bresse et petits-fils de Gauthier Livet, de Franche-Comté, qui avait été anobli par le roi d'Espagne, en 1580. Les armoiries ne sont pas décrites au registre. On trouve Livet de Barville : *d'azur, à trois molettes d'or ?*

74. Chantilly, 27 avril 1636. — Lettres de confirmation de noblesse accordées à Jean-Claude Maréchal de Montsimon, capitaine d'infanterie, fils de Philibert, maintenu le 5 mars 1604. V. n° 57.

75. Saint-Germain-en-Laye, 31 janvier 1638. Lettres de noblesse accordées à Charles de Macherel de Saint-Sulpis, fils de Denis de Macherel et de Philiberte de Saint-Sulpis, neveu et héritier de Louis de Saint-Sulpis, seigneur du fief de ce nom, et ce en raison de ses services militaires. Armes décrites au registre : *d'or, au lion de gueules et au chef d'azur chargé de trois croisettes d'or.*

76. Saint-Germain-en-Laye, novembre 1639. Lettres de noblesse accordées pour services à Raymond Severat (de Bourg en Bresse), sergent major de la ville de Lyon. Armes : *d'azur, au cerf courant, ailé d'or.*

77. Paris, 28 janvier 1640. Lettres de relief de noblesse accordées à Anne de Chastillon, veuve de Janus du Bourg, docteur en médecine, laquelle, issue d'une famille noble, avait dérogé par son mariage. Armes non figurées au registre.

78. Saint-Germain-en-Laye, janvier 1642. Lettres de noblesse accordées à Jacques de Gruat de la Grue, natif du pays de Gex, capitaine de cavalerie, à cause de ses services militaires. Armes décrites au registre : *D'azur à une masse d'armes d'or et un bradelaire d'argent, la poignée d'or passée en sautoir.*

79. .... 1642. Lettres de relief de noblesse, enregistrées le 5 janvier 1646, en faveur de Marc Fournier des Balmes, issu d'une ancienne famille du Bugey, mais dont l'aïeul avait été notaire à Groslée. Armes inconnues.

LOUIS XIV. — 1643-1715.

80. Paris, juillet 1644. Lettres de noblesse accordées pour services militaires à Philibert Berthod, exempt des gardes du corps, issu d'une famille originaire de Bresse (1). Armes : *d'azur à la croix d'or cantonnée de quatre lionceaux de même.*

(1) Ces lettres, révoquées par un édit de 1664, ont été confirmées en juillet 1700, en faveur de Philibert Berthod, chevau-léger de la garde du roi, fils de Philibert.

81. Paris, octobre 1644. Lettres de noblesse accordées à Jean Perrachon de la Gorge, ex-receveur des consignations de la sénéchaussée de Lyon. Armes décrites au registre : *coupé d'azur et d'or à la cigogne ou héron, la patte dextre levée de l'un en l'autre*. M. A. Arcelin donne, d'après M. Steyert, aux Perrachon, seigneurs de Senozan, La Salle, Le Parc et Saint-Martin, le blason suivant : *de gueules à une fasce d'argent accompagnée de trois étoiles de même*. Cette famille, originaire de Quiers en Piémont, paraît s'être éteinte au xviiie siècle dans les Pichon, les Brion et les Briord (1).

82. Paris, juin 1646. Lettres de noblesse accordées à Honoré de Quiny, sieur de Glana en Bresse, cornette de chevau-légers. La famille de Quiny, originaire de Saint-Julien-de-Reyssouse en Bresse, avait projeté un rameau en Mâconnais, rameau qui s'est éteint en la personne de Charles de Quiny, lieutenant en l'élection de Bresse, père de Claudine de Quiny, épouse, en 1648, de Brice Bouderon de Senecé. D'Hozier donne à cette branche le blason suivant : *deux palmes d'or en sautoir sur champ de gueules*. Armes figurées au registre : *d'azur, au chevron d'or accompagné de trois heaumes d'argent, posés de profil.* V. nº 103.

83. Amiens, juin 1649. Lettres de noblesse accordées à Jean-Claude Charbonnier de Crangeac, lieutenant général aux bailliage et siége présidial de Bourg en Bresse. Armes décrites au registre : *de sable, au sautoir d'or accompagné d'une étoile en chef et d'un croissant en pointe, le tout aussi d'or.* V. nº 85.

(1) A. Arcelin, *loc. cit.*, p. 297.

84. Paris, novembre 1649. Lettres de relief et de confirmation de noblesse accordées à Philibert Tricault (1), fils de Jean (2), issu d'une noble et ancienne famille du Beaujolais, et ce à cause de la perte de ses titres de famille brûlés pendant la Ligue. Jean Tricault ou Tricaud, capitaine du château de Thizy, puis juge au grenier à sel de Belley, laissa entre autres deux fils; l'aîné, Philibert, grenetier au grenier à sel de Belley, fut père de N... Tricaud, lieutenant civil et criminel au bailliage de Belley. Un membre de cette famille, M. de Tricaud, a épousé Mlle Vergnette de La Motte, fille d'un correspondant de l'Institut (3). Armes : *d'azur, (alias, de gueules) au chevron d'or accompagné en chef à dextre d'une étoile du même.* V. n° 97.

85. Paris, juillet 1651. Lettres de noblesse accordées à Charles de Charbonnier de la Tour de Journant, président en l'élection de Bresse, V. n° 83.

86. Paris, 18 septembre 1651. Lettres de relief de noblesse accordées à Abraham Le Quat, avocat à Mâcon, et à Nicolas Le Quat, son neveu, avocat à Bourg en Bresse, fils et petit-fils de N... Le Quat, qui, issu de famille noble, avait dérogé en faisant négoce. V. n° 7.

87. Paris, janvier 1652. Lettres de noblesse accordées à Marc de Baret, capitaine de chevau-légers, natif de Bresse, pour services militaires. Les armes ne figurent pas au registre.

(1) Philibert fut grenetier et juge au grenier à sel de Belley.

(2) Jean fut capitaine du château de Thizy.

(3) La *Revue du Lyonnais* et la *Revue bibliographique* ont annoncé récemment la mort de M. de Tricaud (Pierre-Aimé-Adolphe), bien connu dans le monde littéraire sous le pseudonyme d'Amé de Gy.

88. Paris, 9 décembre 1653. Lettres de relief de noblesse accordées à Pierre du Glas, capitaine au régiment de Bourgogne, issu de l'ancienne et noble famille des Douglas ou du Glas en Ecosse, par Guillaume Douglas, qui passa en Bretagne vers 1400. Cette maison, établie en Picardie en 1530 et en Bugey vers 1600, a fourni un lieutenant-général sur le fait de guerre, un évêque de Laon, deux colonels du royal-écossais du Languedoc, deux brigadiers des armées du roi, un ambassadeur à Venise, des chevaliers de Malte et des ordres de Saint-Louis, des Saints-Maurice-et-Lazare, de la Légion d'honneur, etc. (1); elle s'est alliée aux de Wignacourt, Brouilly, Vassan, Bethould d'Hautecloque, Seyssel, Moyria, Espinais, Sallmard, Chabanacy de Marnas, etc. Armes : *d'argent, au cœur de gueules surmonté d'une couronne royale d'or, au chef d'azur chargé de trois étoiles d'argent.* Les du Glas de la Fizelière portaient : *d'azur, au château à trois tours d'argent et l'écu des Douglas en abîme* (2).

89. Paris, 22 décembre 1653. Lettres de relief de noblesse accordées à Jean Turretin de Bossay, seigneur de Beaumont et de Mérac, fixé à Michaille, et issu d'une famille noble originaire de Lucques. Armes : *fascé d'or et de gueules.*

(1) Archibald de Douglas, comte de Douglas et seigneur de Chinon, capitaine des troupes envoyées en France au secours du roi Charles VII, fut mis en possession du duché de Touraine, le 19 avril 1423. V *Armorial général de la Touraine*, par J.-X. Carré de Busserolle, publié par la Société archéologique de Touraine. Tours, Ladevèze, 1866, p. 327.

(2) V. *Etat présent de la noblesse française*. Paris, Bachelin-Deflorenne, 1868, grand in-8, p. 614.

90. Paris, janvier 1654. Lettres de noblesse accordées à Claude Passerat de Bougne, élu en l'élection du Bugey, époux de Nicole Tricaud et fils de feu Gaspard Passerat de Bougne, conseiller du roi, élu en l'élection du Bugey, d'une famille ancienne et alliée à plusieurs maisons nobles. Un membre de cette famille, Claude-François Passerat de La Chapelle, médecin du roi et inspecteur des hopitaux militaires, reçut, comme nous le verrons, en 1769, des lettres de noblesse, et épousa Jeanne Michard; Pierre-Anthelme Passerat de La Chapelle, son fils, conseiller au Parlement de Bourgogne, s'unit, en 1773, à Marie-Jacqueline Fardel de Daix, d'où un fils et deux filles. Armes : *d'azur, à la fasce d'or chargée d'un lion passant* (alias *léorpardé*) *de gueules et accompagnée en pointe de deux vols d'argent* (alias *deux vols de passereaux d'or*). V. n° 125.

91. Paris, 2 avril 1654. Lettres de relief de noblesse accordées à Marie Berliet de Chiloup, veuve de Gaspard Grisy, laquelle, issue de famille noble, avait dérogé par mariage. Marie Berliet était nièce de Jean-François Berliet, seigneur de Chiloup et de la Roche, baron du Bourget, conseiller d'Etat, premier président de la Chambre des Comptes de Savoie, puis archevêque de Tarentaise, dont nous avons ailleurs publié le testament (1); elle était fille d'Etienne Berliet, écuyer, seigneur de Chiloup et des Hayes, juge mage de Bresse, surintendant général des munitions et *vivres deçà les monts*, sénateur de Savoie, et de Marie de Cadenet, et petite-

(1) V. *Testament de Jean-François Berliet, archevêque de Tarentaise et baron du Bourget,* apud *Mémoires et documents publiés par la Société savoisienne d'histoire et d'archéologie,* t. XI. Chambéry, 1867, in-8.

fille d'Antoine de Cadenet, écuyer, seigneur de Chaselles et du Villars, et d'Humberte du Saix. Armes : *d'or, à trois pals de gueules au chef d'azur chargé d'un croissant d'argent.*

92. Reims, 6 juin *1654*. Lettres de réhabilitation de noblesse accordées à Georges Ferra de Courtine, écuyer, demeurant à Belley, 1er élu en l'élection de cette ville, issu d'Etienne Ferra, pourvu, en 1485, de la charge noble de secrétaire du duc, et père d'Antoine, avocat du roi au bailliage de Belley, et ce pour avoir induement payé la taille. Armes : *d'or, à la fasce d'azur, accompagnée de trois grillons de gueules.*

93. Paris, septembre *1654.* Lettres de maintenue de noblesse accordées à Jean Gautier, citoyen de Genève, issu de Louis Gautier, anobli par l'empereur Charles V, le 25 avril *1524* ; et ce comme faisant trafic de pierreries, *chose permise aux nobles des républiques.* Armes décrites au registre : *d'azur, à cinq losanges d'argent posés en croix, et une bordure aussi d'azur.*

94. Paris, octobre *1654.* Lettres de noblesse accordées à Pierre Poncet, de la ville de Gex, en récompense de ses services militaires. Armes figurées au registre : *écartelé aux 1 et 4 d'azur à trois marteaux d'argent, aux 2 et 3 de gueules à trois bandes d'or.* Louis Poncet, receveur particulier en la maîtrise des Eaux et Forêts de Chalon-sur-Saône, époux de Marguerite-Philiberte de La Cour, et père d'Antoine-François Poncet, baron du Maupas, maréchal des camp et armée du roi et préfet du Jura, était-il de la même famille ? (1).

_____

(1) M. Arcelin donne à Abel Poncet, contrôleur au grenier à sel de

95. Paris, décembre 1654. Lettres de noblesse accordées à Claude Colliex, seigneur du Pont d'Injoux en Bugey, en raison de ses services militaires et de ceux de son fils Claude Colliex de Richemont, gentilhomme servant du roi (1). Armes : *d'argent, à deux lions affrontés de gueules, au chef d'azur chargé de 3 croissants d'argent.*

96. Paris, janvier, 1655. Lettres de relief de noblesse accordées à Sarra Aymon, veuve de François Paffin, avocat au Parlement, laquelle, issue de famille noble, avait dérogé par mariage. V. nos 5, 7 et 06.

97. Paris, janvier 1655. Lettres de relief de noblesse accordées à Jean Tricaud, juge au grenier à sel de Belley, frère de Philibert, qui avait obtenu aussi des lettres de relief mentionnées au n° 84.

98. Paris, février 1655. Lettres de réhabilitation de noblesse accordées à Scipion Duport, conseiller assesseur et premier élu en l'élection de Bresse, issu de Jean Duport, anobli en 1502. Armes décrites au registre : *palé, contrepalé d'argent et d'azur de six pièces.* V. n° 6.

99. Paris, mai 1655. Lettres de noblesse accordées à Jacques Bugniet des Croisettes, de Seyssel, pour services militaires (2). Armes décrites au registre : *de gueules à la fasce d'argent chargée d'un lion passant de sable,*

Mâcon, les armes suivantes : *De gueules à une fasce d'or accompagnée de trois flammes de même, deux en chef et une en pointe.* (V. *Indicateur héraldique,* p. 303.)

(1) Révoquées en 1664, ces lettres furent confirmées en mars 1670.

(2) Révoquées en 1664, ces lettres furent confirmées en juillet 1669, à la requête de François, fils de Jacques Bugniet.

armé et lampassé de gueules et accompagnée de deux cotices d'or.

100. Paris, janvier 1656. Lettres de noblesse accordées à Antoine Fabry, élu en l'élection de Belley, fils d'Hugues Fabry, procureur-syndic de la province du Bugey, et de Philiberte de Lucinge, petit-fils d'Hugues Fabry et d'Antoinette Lempereur. Armes : *d'or au lion de sable lampassé et armé de gueules, accolé d'or, à trois hures de sanglier de sable,* 2 et 1 (1). Ce nom est très-répandu en Bourgogne et Bresse. Un Lazare Fabry, fils de Claude et de Marguerite Martoul, épousa, en 1593, Marguerite Espiard et en eut : 1° André, curé de Braux ; 2° Marguerite mariée en Vivarais ; 3° Guillemette, épouse de N. Jomey ; 4° Claudette, femme de Germain Prévost, puis de Claude Bizouard-Angely; 5° Marthe, qui s'unit à Pierre Jomey, bailli de Saulieu, et en eut une fille, Marthe, épouse en 652 de Claude Espiard, baron de la Cour, conseiller au Parlement de Bourgogne ; 6e Jeanne, femme de Lazare Bizouard-Angley, bailli de Saulieu. — Un Bernard Fabry fut nommé, en 1781, procureur général près la Table de marbre du Palais à Dijon. Citons encore Claude-Agathe Fabry, mariée, en 1771, à Philibert-Charles-Marie Varenne de Fenille, receveur des tailles de l'élection de Bourg en Bresse (2). V. n° 126.

101. Paris, janvier 1656. Lettres de noblesse accor-

(1) Ces lettres, révoquées aussi en 1664, ont été confirmées en septembre 1677 en faveur de Joseph Fabry, conseiller et avocat du roi à Belley, et de Jean-François Fabry, servant d'armes, tous deux fils d'Antoine et de Françoise de Lune de Cleizieu.

(2) V. *La famille Varenne de Fenille*, par M. A. Albrier, apud *Revue du Lyonnais*, juillet 1872, p. 37.

dées à Pierre Jallier d'Hautepierre, président en l'élection de Belley, fils d'Antoine Jallier d'Hautepierre, lieutenant en l'élection de Lyon, puis président en celle de Belley (1). Armes : *d'azur, à trois bandes d'or, au chef de même chargé de trois têtes de maures de sable liées d'argent.*

102. Paris, mai 1657. Lettres de noblesse accordées, pour services militaires, à Jean Bozon, gendarme du roi, né en la ville de Belley (2). Armes décrites au registre : *d'or, à trois chevrons d'azur.*

103. Paris, mai 1657. Lettres de noblesse accordées, pour services militaires, à François de Quiny de Glana, capitaine au régiment de Lyonnais, fils de Charles de Quiny, capitaine, tué à Saint-Mihiel, et neveu de Guy de Quiny, tué devant Flessingue, et d'Honoré de Quiny, anobli en juin 1646, et mort sans postérité de blessures reçues en Flandre (3). V. n° 82.

104. Lyon, décembre 1658. Lettres de noblesse accordées à Samuel Guichenon de Painessuit, avocat au présidial de Bourg-en-Bresse, historiographe de France et de Savoie, comte palatin, chevalier des ordres des SS. Maurice et Lazare, auteur de l'*Histoire de Bresse et de Bugey* et de l'*Histoire généalogique de la royale maison de Savoie*, fils de Grégoire Guichenon, médecin de Châtillon-les-Dombes, et de Catherine Chossat. Samuel Guichenon, marié trois fois, n'eut d'enfants ni de la

---

(1) Ces lettres, révoquées en 1664, ont été confirmées en septembre 1697 en faveur de Charles, fils de Pierre Jallier.

(2-3) Ces lettres, révoquées en 1664, furent confirmées en janvier 1668 et en novembre 1667.

première, ni de la troisième femme ; de la seconde, nommée Claudine Polliac, il eut un fils, Antoine-François, mort sans postérité, et trois filles, dont deux décédées en bas âge, et une troisième, Antoinette, mariée, en 1678, à Jean-Joseph Jacob, écuyer, seigneur de la Cottière, capitaine au régiment de Piémont. La descendance de cette dernière existe encore. (1). Armes : *de gueules, au sautoir d'or, engoulé de quatre têtes de léopard de même mouvantes des angles, chargé en cœur d'une autre tête de léopard de gueules.*

105. Fontainebleau, juillet 1659. Lettres de noblesse accordées, pour services militaires, à Pierre Milliers, lieutenant de cavalerie, originaire de Belley (2). Armes décrites au registre : *d'azur, au sautoir d'argent.*

106. Toulouse, novembre 1659. Lettres de relief de noblesse accordées à Jean-François Aymon de Montépin, gendarme de la garde du roi, qui avait été induement compris au rôle des tailles de Bresse. V. n°ˢ 71 et 96.

107. Paris, janvier 1661. Lettres de noblesse accordées, pour services militaires, à Jean des Granges de Belmont, écuyer de la grande écurie du roi, demeurant à Seyssel en Bugey (3). Armes figurées au registre : *de gueules, fretté, vairé de sable et d'argent au chef d'or.*

---

(1) N° 35. V. *Samuel Guichenon, sa vie, ses œuvres et sa correspondance inédite,* par M. Jules Baux, archiviste de l'Ain, chevalier de la Légion d'Honneur, officier des SS. Maurice et Lazare, apud *Revue de la Société littéraire de l'Ain,* 15 juin 1872.

(2) Ces lettres, révoquées en 1664, furent confirmées en février 1679.

(3) Ces lettres, révoquées en 1664, furent confirmées en septembre 1667 et en novembre 1666.

108. Paris, avril 1662. Lettres de noblesse accordées à Etienne Berton de Flassé de Villard, conseiller du roi au présidial de Lyon. Les armoiries ne figurent pas au registre (1).

109. Paris, 25 avril 1662. Lettres de relief de noblesse accordées à François Tardy, conseiller aux bailliage et siége présidial de Bourg-en-Bresse, arrière-petit-fils de Claude Tardy, notaire, et descendant de Jacques-Marc Tardy, anobli en 1437. V. n°ˢ 3, 114 et 144.

110. Paris, avril 1664. Lettres de noblesse accordées à Jean Garron de Chastenay, conseiller du roi, élu en l'élection de Bourg-en-Bresse (2). Armes décrites au registre : *d'azur, à trois croisettes ancrées d'or et un besant d'or posé en abîme.*

111. Paris, 30 août 1671. Lettres de relief de noblesse accordées à Claude-Henriette Dubois, veuve de Claude Desbois, avocat au Parlement, et fille de feu Jean Dubois de la Servette, écuyer, et d'Elisabeth de Choiseul, laquelle avait dérogé par mariage. V. n° 37.

112. Versailles, 24 mars 1672. Lettres de relief de noblesse accordées à Claude et à François d'Escrivieux, issus d'une ancienne et noble famille de Bresse, et petits-fils d'un procureur à Mâcon. La famille d'Escrivieux, alliée aux Guérin, Charpy, Pise, Dormy (1597), Mercier, Fournier, Siraudin (1603), Charnay, Chandon (1601), etc., était divisée en trois branches : 1° les seigneurs de Charbonnières, connus depuis 1549 et fondus dans les

(1) Ces lettres, révoquées en 1664, furent confirmées en septembre 1667 et en novembre 1666.

(2) Jean Garron de Corrobert, baron de Chastenay, fut conseiller au Parlement de Dombes, en 1673.

d'Escrivieux de Genot ; 2° les seigneurs de Malques, issus de Reymond d'Escrivieux, anobli en 1609 (v. n° 60), représentés actuellement en Bresse ; [3° les seigneurs de Genot, connus dès 1515, éteints. A cette dernière branche, appartenaient Claude et François d'Escrivieux, *de cujus*, fils de Charles, écuyer, sieur de Genot, et arrière-petits-fils d'Antoine, dont l'aïeul, Charles d'Escrivieux de Genot, avait été maître des requêtes du roi Louis XI. Armes : *d'argent, au chevron de gueules ;* alias *d'or au chevron d'azur* (1).

113. Saint-Germain-en-Laye, août 1672. Lettres de relief de noblesse accordées à Balthazarde de Forcrand, veuve de Jacques de Lilias, châtelain de Montréal en Bugey, arrière-arrière-petite-fille de noble Barthelémy de Forcrand de Coyselet, laquelle avait dérogé par mariage. Armes : *d'azur, au lion d'or, au chef d'argent.*

114. Versailles, 23 avril 1686. Lettres de relief de noblesse accordées à Claude Tardy, avocat au bailliage de Bresse, frère de François, mentionné à l'article 109. V. n°s 3, 109 et 144.

115. Versailles, mars 1698. Lettres de noblesse, pour services rendus à l'Etat, accordées à André Balme, conseiller du roi, lieutenant général au bailliage de Bugey, ancien conseiller secrétaire de la cour du Parlement de Metz, ancien premier syndic général du pays de Bugey. Armes : *tiercé, en fasce, au 1er de gueules au lion léopardé d'or ; au 2me d'azur à la gerbe de blé d'argent ; au 3me de sable à un mont aussi d'argent.* V. n° 128.

116. Versailles, décembre 1698. Lettres de noblesse

(1) V. Arcelin, loc. cit., page 168.

accordées à Etienne Tamisier, juge visiteur des gabelles du Lyonnais au département de Bresse, fils d'Etienne Tamisier, lieutenant criminel à Bourg-en-Bresse, père de Jean-Louis Tamissier, aide-major d'infanterie, et aïeul de Charles-Emmanuel Tamisier, lieutenant de cavalerie. Armes : *coupé, au 1ᵉʳ d'or à la rose de gueules ; au 2ᵐᵉ de gueules au crible d'or, à la fasce d'azur chargée de trois étoiles d'argent, brochant sur le coupé.*

117. .... janvier 1700. Lettres de noblesse accordées à Charles-François Favier, conseiller et avocat du roi aux bailliage et siége présidial de Bourg-en-Bresse. Armes : *d'azur, à cinq besants d'argent posés en sautoir.*

118. Fontainebleau, 24 août 1711. Lettres de dispense d'un degré de service, pour acquérir la noblesse, accordées à Antoine Cortois, conseiller du roi, maître ordinaire en la Chambre des Comptes de Bourgogne et Bresse, ancien procureur du roi au bailliage de Belley, et ce, en raison de ses services et de ceux de Hugues et de Guillaume Cortois, ses quadrisaïeul et bisaïeul. Antoine Cortois-Humbert, baron d'Attignat, mort le 18 octobre 1728, était fils de Claude-Gaspard Cortois de Curtafey et de Marie Trocu de la Coste ; il avait épousé Anne Guillaume, dame de Quincey, dont elle reprit de fief le 7 juillet 1729, fille de Gabriel Guillaume (1), écuyer, seigneur de Pressigny et de Quemigny, substitut du procureur général près le Parlement de Bourgo-

_____

(1) La famille Guillaume, qui existe encore, est originaire d'Arnay-le-Duc (Côte-d'Or), et est représentée entre autres par M. Ernest de Sermizelles, le savant éditeur du *Voyage de Lister à Paris.* (Paris, Aubry, 1873, 1 vol.)

gne, et de Denise Le Belin, d'où deux filles religieuses à Saint-Julien de Dijon et trois fils : 1° Claude-Antoine, dont nous allons parler ; 2° Anne-Barthélemy, conseiller maître en la Chambre des Comptes de Dijon, mort sans alliance ; 3° Gabriel, co-seigneur de Quincey, évêque de Belley, né en 1714, mort en 1791. — Claude-Antoine Cortois-Humbert, seigneur de Charmailles, co-seigneur de Quincey, conseiller au Parlement de Bourgogne, s'unit à Anne de Mucie et en eut : 1° Barthélemy Cortois de Quincey, conseiller au Parlement de Bourgogne, né en 1733, mort en 1799 sans alliance ; 2° Pierre-Marie-Madeleine Cortois de Balore, évêque d'Alais, puis de Nîmes, député aux Etats généraux ; 3° Gabriel Cortois de Pressigny, évêque de Saint-Malo, archevêque de Besançon, pair de France, décédé en 1823 ; 4° Antoine Cortois de Charmailles, maréchal des camps et armées du roi, marié à Adelaïde-Thècle-Julie Mesnard de Chousy. Armes : *écartelé, aux 1 et 4 d'argent, au rinceau de lierre de sinople, mis en fasce ; au chef cousu d'or chargé d'un aigle de sable*, qui est de Cortois : *aux 2 et 3 de gueules, à deux lions léopardés d'or, à une seule tête, mis en chevron, et une étoile d'argent en pointe*, qui est d'Humbert.

119. Marly, novembre 1712. Lettres de confirmations de noblesse accordées, pour perte de titres, à Guillaume de Quinson, chevalier de Saint-Louis, capitaine de cavalerie, et à ses cousins François, Jean-François et Pierre-Joseph de Quinson, officiers de cavalerie, issus d'une ancienne famille à laquelle appartenaient N... de Quinson, lieutenant général, et Jean-

François de Quinson, capitaine de cavalerie: Armes décrites au registre : *d'hermine plein.* V. n°s 50 et 63.

LOUIS XV. — 1715-1774.

120. Paris, 15 décembre 1716. Lettres de réhabilitation de noblesse accordées à Marie-Anne de Druays, veuve de Charles de Chaury de Rivoire, président au présidial de Bourg-en-Bresse, laquelle avait dérogé par mariage, étant issue de Claude-Marie de Druays, baron de Béost et seigneur de Franclieu (1) et de Claude-François Druays de Franclieu, maintenus en 1667 et 1668. V. n° 66.

121. Paris, septembre 1719. Lettres de reconnaissance de noblesse accordées à Gabriel Déodati, possessionné dans le pays de Gex, arrière-petit-fils de Pompée Déodati, originaire de la ville de Lucques. Armes : *parti, au 1er de gueules au lion d'or ; au 2me fascé d'or et de gueules.* Devise : *Deus dedit.*

122. Versailles, mai 1723. Lettres de noblesse accordées à Claude-Charles Reydellet de Chavagnac, chevalier de Saint-Louis, brigadier d'une compagnie des chevau-légers de la garde du roi, issu d'une famille ancienne du Bugey, et petit-fils lui-même d'un garde du roi. V. n° 122. 72

123. Versailles, février 1767. Lettres de noblesse accordées à Louis-Gaspard Fabry, subdélégué de l'in-

---

(1) Claude-Marie de Druays de Franclieu avait épousé Anne Bouchaud ou Bouchard ; son frère, Ferdinand, était seigneur de Dananches. V. *Ban et arrière-ban du bailliage de Bresse, en 1693 et 1694, par René de Saint-Mauris,* apd. *Revue historique et nobiliaire,* novembre-décembre 1872, p. 513.

tendance de Bourgogne à Gex, issu d'une ancienne famille de ce pays (1). Armes figurées au registre : *d'argent, au lion d'azur accompagné de trois étoiles de gueules.* V. n° 100.

124. Versailles, novembre 1768. Lettres de réhabilitation de noblesse pour Jacques-Hyacinthe Bernard de Pelagey (2). V. n°ˢ 14 et 18.

125. Versailles, janvier 1769. Lettres de noblesse pour Claude-François Passerat de la Chapelle, médecin en chef des troupes du roi dans l'île de Corse, en récompense de son zèle et de ses services. V. n° 90. Un de ses descendants, Gabriel, fils de Gabriel-Claude-Honoré Passerat de la Chapelle, propriétaire, et de Claire Doudé, a épousé, le 16 février 1832, Jeanne-Louise-Marie de Montherot, et en a eu : 1° Gabrielle, religieuse de la Retraite ; 2° Paul-Honoré, marié à Françoise-Laure-Marie-Louise de Boissieu ; 3° Jean-Marie-Henry, époux de Marie-Thérèse Carrelet de Loisy ; 4° Joseph-Ernest, marié à Marie-Antoinette de Boissieu.

126, Versailles, janvier 1771. Lettres de reconnaissance de noblesse accordées à André Gallatin, ex-premier syndic de Genève; à Jean-Louis Gallatin, premier lieutenant au régiment des gardes suisses ; à Abraham Gallatin, trésorier de la chambre des blés à Genève, et à Jean Gallatin, capitaine d'infanterie, tous issus de Jean Gallatin, possessionné en Michaille, en 1455. Les armoiries ne figurent pas au registre, mais sont données

---

(1) Sa fille épousa le baron Girod (de l'Ain). V. n° 132.

(2) Joseph Bernard, seigneur de Dompsure, conseiller secrétaire du roi, maire de Saint-Amour, eut deux fils : 1° Amour, auteur des Bernard de Dompsure ; 2° Hyacinthe, auteur des Bernard de Pelagey.

ainsi par La Chesnaye des Bois : *d'azur, à la fasce d'argent accompagnée de trois besants d'or, 2 et 1.*

LOUIS XVI. 1774-1792.

127. Versailles, juillet 1778. Lettres de noblesse accordées à Louis-Dominique Vincent, avocat en Parlement et premier syndic général honoraire du Tiers-Etat de la province de Bresse, père de N... Vincent, président au présidial de Bourg-en-Bresse, et de N... Vincent, officier du génie (1). Armes : *d'argent, à deux palmes de sinople passées en sautoir; chef d'azur chargé d'une étoile d'argent.* Les Vincent de Montacher, conseiller au Parlement de Bourgogne, appartenaient à une autre famille.

128. Marly, mai 1781. Lettres de noblesse accordées à Anthelme Balme de Sainte-Julie, lieutenant général au bailliage de Bugey, petit-fils d'André Balme, anobli en 1698, comme nous l'avons vu. Armes fixées au registre: *écartelé, aux 1 et 4 de gueules au lion d'or coupé d'azur à une gerbe aussi d'or, liée de même; aux 2 et 3 de sable à un rocher d'argent.* V. n° 115.

NAPOLÉON 1er. 1804-1815.

129. ... 1808. Lettres patentes conférant le titre de baron de la Contamine à Marie-Nicolas Fournier, évêque de Montpellier, le 8 décembre 1806, aumônier de S. M. l'Empereur, membre de la Légion d'Honneur, né à Gex, le 27 décembre 1760, mort à Montpellier le 29

(1) Famille représentée par les Vincent de Lormet.

décembre 1834. Armes : *d'azur, à un croissant d'argent, montant, d'où sortent cinq épis de blés de même, au comble de gueules chargé à dextre de trois étoiles en fasce d'azur, et à senestre du quartier de baron évêque* (1).

130. ... 1808. Lettres patentes conférant le titre de baron de Mercey à Etienne Legrand, général de division, commandant de la Légion d'honneur, gouverneur de Bayreuth, né à Pont-de-Vaux, le 18 mars 1755, mort à Paris, le 11 mai 1828, à 73 ans. Armes : *d'azur, à la tour crénelée d'or accompagnée à dextre et à senestre de deux étoiles de même, et surmontée en chef à dextre d'un casque d'or ; franc quartier de baron militaire* (2).

131. 26 avril 1808. Lettres patentes de chevalier de l'Empire accordées à Jean-Anthelme Brillat-Savarin, député aux Etats-Généraux de 1789, président du tribunal de Bourg, juge en cassation, né à Belley, le 1er avril 1755, mort le 1er février 1826, fils de Marc-Antoine Brillat-Savarin, seigneur de Pugieu, procureur en l'élection du Bugey (3). C'est le spirituel auteur de la *Physiologie du goût* (4). Armes : *d'or, à la fasce de gueules chargée du signe des chevaliers légionnaires, accompa-*

---

(1) *De gueules à la croix alaisée d'or.* V. Henri Simon, *Armorial de l'Empire français.* Paris, 1812.

(2) *De gueules à l'épée haute en pal d'argent.* V. Henri Simon, *loc. cit.*

(3) Un membre de la famille Brillat, François Brillat, commissaire national près le tribunal civil de la Côte-d'Or, et fils d'un notaire de Lagnieu, épousa à Dijon Jeanne-Claude-Françoise Larché, veuve de Jean-Claude Bichot, procureur au Parlement, et sœur du premier président baron Larché.

(4) La famille Savarin portait, si je ne me trompe, *d'azur à la fasce ondée d'or accompagnée de trois roses de même posées deux et une.*

gnée en chef de trois roses au naturel et en pointe de deux losanges de sable (1). V. n° 148.

132. 26 avril 1808. Lettres patentes de chevalier de l'Empire, accordées à Jean-Louis Girod, maître des Comptes à Paris, né à Gex le 11 juillet 1753, mort le 20 août 1839. Jean-Louis Girod, châtelain du bailliage de Gex, devint maire de cette ville, en 1780, puis président du tribunal de Nantua, député de l'Ain au Conseil des Cinq-Cents et au Conseil des Anciens, secrétaire et président du Corps Législatif, membre du Collège électoral du Léman et de l'ordre de la Légion d'Honneur, maître des Comptes puis député en 1818. Le 12 juin 1809 il fut investi du titre de *baron de l'Empire* avec érection d'un majorat volontaire de 5,000 fr. composé d'immeubles au territoire de Gex. M. Girod (de l'Ain) avait épousé Mlle Fabry, fille de Louis-Gaspard Fabry, subdélégué de l'Intendance de Bourgogne au département de la ville de Gex, (2) et en avait eu, entre autres, trois fils 1° Amédée, baron Girod de l'Ain, préfet de police en 1830, président de la Chambre des députés en août 1831, ministre de l'instruction publique en 1832, pair de France en octobre 1832, grand-croix de la Légion d'Honneur, marié à Mlle Sivard de Beaulieu, né à Gex le 10 octobre 1781, mort à Paris le 27 décembre 1847 ; — 2° Gabriel, mort en 1846, officier de marine, chevalier des ordres de Saint-Louis, et de la Légion d'Honneur ; 3° Jean-Marie Félix, général de

(1) Nous devons communication de ce blason à M. A. Georgel (d'Elbeuf), l'un des plus aimables et des plus savants collaborateurs de la *Revue historique et nobiliaire*.

(2) Voyez n° 123.

brigade, chevalier de Saint-Louis, député de Nantua de 1832 à 1842. — Armes : *tiercé en bande d'or d'azur et de sable au chevron d'argent brochant sur le tout, surchargé d'une fasce de gueules à la croix de la Légion d'Honneur d'argent.* A ce blason, on ajouta, en 1809, un franc-quartier de baron membre de Collége électoral (1).

133. 2 août 1808. Lettres patentes conférant le titre de baron de l'Empire à Claude-Joseph Armand, colonel du 22ᵉ de ligne, commandeur de la Légion d'Honneur, chevalier de Saint-Louis, né à Bourg-en-Bresse le 19 novembre 1764, mort au même lieu le 21 janvier 1840. Le baron Armand, qui se distingua surtout à Wollin, Dantzick, Heihberg et à Friedland, fut successivement soldat au régiment de la couronne en 1782, lieutenant au 3ᵉ bataillon de l'Ain le 14 septembre 1792, capitaine adjudant-major le 12 décembre suivant, chef de bataillon auxiliaire le 12 août 1799, chef de bataillon titulaire au 2ᵉ régiment d'infanterie légère et chevalier de la Légion d'Honneur le 14 juin 1804, officier de la Légion d'Honneur en 1806, colonel au 22ᵉ de ligne la même année, baron avec une dotation de 4,000 fr. en 1808, commandant de la Légion d'Honneur le 22 décembre 1809, chevalier de Saint-Louis le 16 janvier 1815 et colonel de la garde nationale de la ville de Bourg en 1830. Armes : *d'azur au dextrochère d'or mouvant du flanc senestre de l'écu tenant une bannière aussi en pal accompagnée à dextre et à senestre de deux palmes d'ar-*

(1) *Franc quartier de gueules à la bande de chêne d'argent posée en bande.* V. Henri Simon, *loc. cit.*

gent; franc-quartier de baron militaire brochant au 9ᵉ de l'écu (1).

134. ..... 1808. Lettres patentes conférant le titre de comte à Martin Lejéas, ancien conseiller en l'élection de Bresse, sénateur, chancelier de la 6ᵉ cohorte de la Légion d'honneur, né à Paris, le 16 octobre 1748, d'Antoine Lejéas, bourgeois de Paris, et de Marie-Anne Carpentier, mort au château d'Aiserey (Côte-d'Or), le 18 décembre 1831. Bachelier de l'Université de Dijon en 1767 et avocat au Parlement en 1769, M. Lejéas devint seigneur de Sathonnette (2), conseiller en l'élection de Bresse, secrétaire du roi en 1789, maire de la ville de Dijon (1800-1802), questeur du Corps Législatif, sénateur le 19 août 1807, officier de la Légion d'Honneur, commandant de l'ordre de la Réunion, pair de France (3) et maire d'Aiserey. Le comte Lejéas qui avait deux frères, — l'un évêque de Liége et baron de l'Empire, et l'autre chanoine de Grenoble — avait épousé Philiberte Naigeon et en avait eu une fille, la duchesse Maret de Bassano, et deux fils, le baron Antoine-Louis Lejéas, receveur général, et le comte Antoine-Martin Lejéas, directeur des contributions indirectes, chevalier de la Légion d'Honneur et maire d'Aiserey. Ce dernier, mort

(1) *Galerie militaire de l'Ain*, apd *Revue de la Société littéraire, historique et archéologique de l'Ain*, juin 1832, p. 145. Cette précieuse galerie est due à la plume si fine et si précise du savant M. Dufay, chevalier des ordres de la Légion d'Honneur et des saints Maurice et Lazare d'Italie, membre de plusieurs Sociétés savantes.

(2) Sathonnette, commune de Saint-Maurice-de-Beynost, arrondissement de Trévoux (Ain).

(3) Il reçut alors confirmation de son titre de comte avec création de majorat (24 décembre 1825).

le 16 janvier 1858, était né le 27 novembre 1778 à Montluel en Bresse (Ain) et avait épousé Claude-Françoise-Catherine-Caroline Dornier ; son fils, le comte Ernest Lejéas, chevalier de la Légion d'honneur, ancien membre du Conseil général de la Côte-d'Or, s'était uni à sa cousine, Marie-Louise Maret de Bassano. Armes : *de gueules au chevron d'or accompagné en chef de deux étoiles d'argent placées à côté l'une de l'autre : franc-quartier de comte sénateur* (1).

135. ..... 1808. Lettres patentes conférant le titre de baron de l'Empire à Jacques-Pierre-Marie-Louis-Joseph Puthod, général de division, commandeur de la Légion d'Honneur, chevalier de Saint-Louis, né à Bagé-le-Châtel, le 28 septembre 1769, mort à Libournes (Gironde), le 31 mars 1837. Soldat au régiment de la Couronne en 1785, M. Puthod était capitaine en 1789 et adjudant-général lors de la campagne de Belgique ; chargé, en 1793, du recrutement dans la Côte-d'Or, il devint général de brigade en 1801, commandant du Haut-Rhin en 1806 et général de division en 1809. Gouverneur de Maestrick, il battit complètement, le 31 mai 1813, la garde royale prussienne, enleva Breslau, mais fut fait prisonnier à Lawemberg, le 29 août de la même année. Rentré en France en 1814, il se rallia aux Bourbons et devint vicomte et inspecteur général de la 5e division militaire. Son nom est gravé sur l'arc de triomphe de l'Étoile. Armes : *Coupé au 1er parti d'azur à la croix d'or cantonnée*

(1) Franc-quartier qui est *d'azur à un miroir d'or en pal autour duquel se tortille et se mire un serpent d'argent ;* ce franc-quartier a été supprimé en 1825. V. *Nouveau Manuel complet du blason,* par Jules Pautet du Rozier. Paris, Rozet, 1854, p. 205.

4

de quatre étoiles de même et de gueules au signe de baron militaire : au 2ᵉ de gueules au chevron d'or posé à dextre senestré d'un lion contre-rampant d'argent (1). V. n° 136.

136. 28 janvier 1809. Lettres patentes conférant le titre de chevalier de l'Empire à Claude-Marie-François Puthod, avocat-général, frère du précédent et père de M. Puthod, avocat à la Cour d'appel de Paris, préfet du département de l'Ain au 4 septembre (2). Le chevalier Puthod a publié : *Discours sur l'amour de la justice*, 1843 ; *Observations en réponse à ceux qui ont entrepris d'inspirer aux Français l'amour du Gouvernement ou de tout autre que celui de* 1830 (3). Les armoiries conférées à M. Puthod nous sont inconnues (4). V. n° 135.

137. 28 janvier 1809. Lettres patentes conférant le titre de chevalier de l'Empire à Pierre-Marie Bernard, capitaine adjudant major, député, maire de la ville de Bourg-en-Bresse, membre du conseil général de l'Ain, né à Bourg, le 25 décembre 1777, mort au même lieu le 9 décembre 1839; fils de Jean Bernard, conseiller au bailliage de Bourg-en-Bresse, botaniste distingué et ami de Commerson, et petit-fils de Jean-François Bernard de Bondillon, conseiller en l'élection de Bourg. Le jeune Bernard, en sortant du collège de sa ville natale, entra à

---

(1) Nous devons communication de ces armoiries à l'obligeance de M. Alcide Georgel, d'Elbeuf.

(2) V. Lettre de M. Milliet, chevalier de l'ordre de Saint-Sylvestre, secrétaire de la Société littéraire de l'Ain, 18 janvier 1873.

(3) V. Lettre de M. Aimé Vingtrinier, directeur de la *Revue du Lyonnais*, vice-président de la Société littéraire de Lyon, 10 novembre 1872.

(4) On trouve, en Bourgogne et Bresse, Puthod : *d'or vêtu d'azur au croissant du champ*; en Savoie, Puthod : *de gueules au sautoir d'argent accompagné de deux étoiles de même en chef et d'un trèfle aussi de même en pointe.*

l'École polytechnique comme préparateur de chimie, passa ensuite dans les gardes de la Convention, devint secrétaire du général Joubert en 1799, aide de camp du général Puthod, capitaine adjudant-major et chevalier de la Légion d'Honneur en 1807. Nommé maire de Bourg en 1814, puis membre du Conseil général de l'Ain, il fut élu député en 1830. Une place de sa ville natale porte son nom. Le chevalier Bernard, marié à Emilie Soëncke, d'une ancienne famille de magistrats de la ville libre de Dantzig, a laissé deux fils, dont l'un, M. Charles Bernard, est député à l'Assemblée nationale (1). Armes *d'azur à l'épée haute en pal d'argent montée d'or, accompagnée en chef à dextre d'une tête de lévrier arrachée d'or, colletée d'argent ; à senestre d'une tête de lion arrachée d'or, en pointe d'un vol aussi d'or ; sur le tout, écusson de gueules du tiers de l'écu chargé du signe des chevaliers légionnaires* (2).

138. 15 août 1809. Décret impérial conférant le titre de baron avec dotation au général Claude-Charles Aubry de la Boucharderie, né à Bourg en Bresse le 25 octobre 1773, tué à Leipsick le 10 novembre 1813. Fils de Nicolas Aubry, ingénieur en chef des ponts et chaussées des provinces de Bresse et Bugey et de Mlle Gauthier des Iles, Claude-Charles Aubry entra, le 10 mars 1792, comme élève sous-lieutenant à l'École d'artillerie de Châlons-sur-Marne, en sortit le 1er septembre suivant comme lieutenant en deuxième et devint lieutenant en premier, le 15 avril 1793, capitaine

---

(1) V. *Galerie militaire de l'Ain*, par C.-J. Dufay, 15 octobre 1872, p. 294.

(2) Lettre de M. A. Georgel d'Elbœuf.

au 6ᵉ régiment d'artillerie à cheval, le 1ᵉʳ août suivant, capitaine commandant le 23 frimaire an ıı, directeur de l'artillerie du corps d'expédition de Saint-Domingue en 1804, major le 23 mai 1803, colonel du 8ᵉ d'artillerie à pied le 29 octobre suivant, chevalier de la Légion d'Honneur le 19 frimaire an xıı, officier du même ordre le 14 juin 1804, chef d'état-major de l'artillerie de Masséna en 1809, général de brigade le 7 juin de la même année, directeur de l'École d'artillerie d'Alexandrie en 1810, commandant de l'artillerie du 2ᵉ corps de la grande armée en 1812, commandant de la Légion d'Honneur (1), constructeur des ponts d'Ems (1809) et de la Beresina, général de division et comte de l'Empire (2). Blessé à Leipsick, il mourut, quelques jours après, à l'âge de 40 ans (3). Armes : *Coupé au 1ᵉʳ parti à dextre d'argent à l'épée en bande de sable, la pointe en haut, accompagnée de deux têtes de maure de même, à senestre des barons militaires : au 2ᵐᵉ de sable au pont de trois arches d'or soutenu d'une rivière d'argent et sommé d'un lion naissant d'or* (4).

139. 19 août 1809. Décret impérial accordant une dotation de 10,000 fr. au général Maupetit, né à Lyon

---

(1) Le 18 juin 1812.

(2) Le 21 novembre 1812 ; le général mourut avant d'avoir pu retirer les lettres patentes de comte.

(3) V. *Galerie militaire de l'Ain*, par C.-J. Dufay, mars 1872, p. 30. Un général *baron* Joseph-Charles Aubry d'Arancey, mort le 22 septembre 1835, a été président du collège électoral de l'Ain. M. Dufay le croit originaire de Vitry-le-Français. V. Lettre du 18 janvier 1873.

(4) V. *État présent de la noblesse française*. Paris, Bachelin-Deflorence, 1868, p. 174. Le général avait un frère, Jacques-Louis Aubry, capitaine d'infanterie, et deux sœurs, Mesdames Ardiet et Duparc de Peigné.

et créé un an auparavant (19 mars 1808) baron de
l'Empire. Entré fort jeune au service, en 1792, comme
sous-lieutenant au 9° de dragons, Maupetit fut blessé à
Marengo de coups de sabre à la tête et d'un coup de feu
à la jambe droite. Atteint de neuf coups de baïonnette
à Vertingen en 1805, et laissé pour mort sur le champ
de bataille, il devint général de brigade, fit la campagne
de Biscaye, puis celle de Benovente contre les Anglais,
s'empara de Zamora et fut appelé au commandement
de la province de Salamanque puis à celui du département de l'Orne où il mourut en 1813. Il était commandeur de la Légion d'Honneur et chevalier de la Couronne de Fer. Son neveu et héritier, le baron Christophe
Maupetit, propriétaire à Jujurieux, président du Conseil
d'arrondissement de Nantua en 1868 et époux de
Louise Ludivine Gaulthier de Coutance, a eu deux filles
dont l'une, Marie, née le 14 mars 1846, s'est unie le
6 mars 1866 à Paul d'Allemagne, officier de cavalerie, petit-fils du général baron Dallemagne. Armes :
*d'azur à la tour crénelée de trois pièces d'or, ouverte,
ajourée et maçonnée de sable, adextrée d'un soleil rayon-
nant d'or cantonné en chef; franc-quartier de baron militaire brochant au 9° de l'écu* (1).

140. 29 septembre 1809. Lettres patentes conférant
le titre de chevalier de l'Empire à Pierre-Marie Bellaton,
commandant du 1er de chasseurs à pied de la garde impériale, officier de la Légion d'Honneur, né à Ambro-
nay en Bugey le 29 octobre 1762, mort à Saint-Clé-
ment près Mâcon, le 2 août 1834. Bellaton fut succes-

---

(1) V. *État présent de la noblesse française,* p. 1067.

sivement soldat au 1ᵉʳ de Champagne le 1ᵉʳ février 1782, caporal le 11 mai 1785, sergent le 26 octobre 1788, sergent-major le 1ᵉʳ janvier 1791, sous-lieutenant en 1792, lieutenant le 26 juin 1793, capitaine le 25 novembre 1978, capitaine commandant du 1ᵉʳ régiment de chasseurs à pied de la garde impériale, chef d'escadron de gendarmerie et chevalier de Saint-Louis le 1ᵉʳ novembre 1814. M. Bellaton a laissé un fils, le chevalier Jean-Baptiste Bellaton, chef d'une des principales maisons de fabrique lyonnaise. Armes : *tiercé en bande d'or de gueules et d'azur, l'or à l'épée haute en pal de sable accompagnée de deux étoiles d'azur : le gueules au signe des chevaliers de l'Empire, et l'azur à la pyramide d'argent maçonnée et ouverte à senestre de sable* (1).

141. 19 décembre 1809. Lettres patentes conférant le titre de chevalier de l'Empire à Pierre-Antoine Pinchinat, chef de bataillon au 45ᵉ de ligne. Armes : *d'argent au chevron de gueules chargé du signe des chevaliers légionnaires accompagné en chef de deux bombes enflammées d'azur et en pointe d'un léopard de sable surmonté d'une étoile d'azur* (2).

142. .... 1810. Lettres patentes accordant le titre de baron de l'Empire à Louis Costaz, préfet de la Manche, chevalier de la Légion d'Honneur, membre de l'Institut d'Égypte, né à Champagne en Bugey, le 17 mars 1767, mort en février 1834. Armes : *coupé au 1ᵉʳ parti d'or et de gueules, l'or à la fleur de lotus de sinople et le gueules au signe de baron préfet qui est une muraille*

---

(1) V. *Galerie militaire de l'Ain*, livraison du 15 octobre 1872, p. 284.

(2) Nous devons communication de ce blason à l'obligeance de M. Alcide Georgel (d'Elbeuf).

crénelée d'argent surmontée d'une branche de chêne de même ; au 2ᵐᵉ de sinople au cheval cabré et contourné d'argent senestré d'une houe égyptienne d'or (1). V. 145.

143. 9 mars 1810. Lettres patentes conférant le titre de chevalier de l'Empire au chef d'escadron de gendarmerie Claude-Joseph Dagallier, né à Bagé-le-Châtel le 9 mars 1762, mort à Étampes le 16 août 1837. A la famille du commandant Dagallier appartenaient Thérèse-Charlotte Dagallier, femme de Vivant Duroussin, avocat en parlement, député de Saône-et-Loire à l'Assemblée Législative, et aïeule de Théodore-Michel Vernier, officier de la Légion d'Honneur, ancien maire de Dijon, ancien député de la Côte-d'Or au Corps Législatif et ancien conseiller d'État (2); François Dagallier, inspecteur des forêts, époux de Jeanne Champagne ; Edme-Désirée Dagallier mariée à Pierre-Jean-Baptiste-François Arnollet, membre de l'institut d'Égypte, ingénieur en chef de la Côte-d'Or de 1805 à 1830 (3); et Émile Joseph Dagallier, ancien premier président de la Cour de Caen, conseiller à la Cour de Cassation. Armes : *d'azur à la fasce cousue de gueules chargée du signe des chevaliers légionnaires et accompagnée de trois clochettes 1 et 2 d'or en chef et de trois coquilles 2 et 1 d'argent en pointe* (4).

(1) Nous devons aussi communication de ces armoiries à la bienveillance de M. A. Georgel.

(2) Fidèle à la religion du malheur, M. Vernier avait regardé comme un devoir sacré de se joindre au long cortége d'amis accompagnant à sa dernière demeure S. M. l'Empereur Napoléon III.

(3) V. *Les naturalisés de Savoie en Bourgogne*, par M. A. Albrier, apd. *Mémoires et documents publiés par la Société savoisienne d'Histoire et d'Archéologie*. Chambéry, A. Bottero, 1873. t. XIII.

(4) V. Lettre de M. A. Georgel, janvier 1872.

144. 10 juillet 1810. Lettres patentes conférant le titre de chevalier de la Carrière à Jean-Philibert-Antoine Tardy, président du tribunal de Bourg en Bresse, député au Corps législatif, maire de Pont-de-Veyle, né en cette ville le 27 décembre 1741. Fils d'Antoine-Marie Tardy, avocat en Parlement, et d'Anne-Marie Monneret, le chevalier de la Carrière, dont la postérité est éteinte, avait épousé Jeanne-Marthe, fille de Pierre de Marie, écuyer, ingénieur en chef des ponts et chaussées, et de Marie Luisard de Chasse. Armes : *d'argent au pin terrassé de sinople au chef d'azur chargé de trois étoiles d'argent ; bordure de gueules du tiers de l'écu, chargé au deuxième point en chef du signe des chevaliers légionnaires* (1). V. n° 3, 109 et 114.

145. 16 décembre 1810. Lettres patentes accordant le titre de baron de l'empire à Mgr Benoit Costaz, évêque de Nancy, le 22 octobre 1810, né à Champagne en Bugey, le 27 février 1761, mort le 13 mars 1812. Armes : *Coupé au 1er parti d'or à la fleur de lotus de sinople et de gueules au signe des barons évêques ; au 2me de sinople au cheval cabré et contourné d'argent senestré d'une houe égyptienne d'or* (2) V. n° 142.

146. 6 avril 1811. Décret impérial conférant le titre de baron de l'Empire et le rang de général de brigade à Jean-Pierre Baillod, chef d'état-major de la 14e division militaire, né à Songieu, arrondissement de Belley,

---

(1) V. Lettre de M. Octave de Viry (mars 1872), dévoué et modeste savant de Roanne, dont le nom est bien connu de tous ceux qui s'occupent aujourd'hui d'études généalogiques et nobiliaires.

(2) Lettres de MM. A. Georgel (janvier 1872) et Dufay (18 janvier 1873).

le 20 août 1771, mort à Valognes (Manche) le 1ᵉʳ mars
1853. M. Baillod fut successivement soldat au 11ᵉ bataillon de l'Ain le 22 septembre 1793, capitaine onze
jours plus tard, chef de bataillon le 31 janvier 1800,
chevalier de la Légion d'Honneur le 14 juin 1804, ad-
judant-commandant et officier de la Légion d'Honneur,
le 8 juin 1807, commandant de la Légion d'Honneur le
23 avril 1809, chef d'état-major de la 14ᵉ division militaire le 20 août 1810, général de brigade le 6 avril
1811, chef d'état-major au corps d'observation sur
l'Elbe le 18 janvier 1813, chevalier de la Couronne de
Fer le 30 septembre suivant, commandant du département de la Manche, chevalier de Saint-Louis le 30 janvier 1815, lieutenant-général honoraire le 1ᵉʳ novembre 1826, député de la Manche en 1830. Le général baron Baillod, dont le nom est inscrit sur l'arc de
triomphe de l'Étoile, avait épousé, le 20 janvier 1802,
Mlle Nathalie Gillard dont il eut cinq enfants (1).
Armes : *Ecartelé aux 1 et 4 d'azur à la bande d'or ; au
2 des barons militaires ; au 3 d'argent au lion de gueules
adextré en chef d'une étoile de sable* (2).

147. 29 mars 1813. Décret impérial conférant le titre
de baron de l'Empire à Claude Dallemagne, général de
division, commandant des ordres de la Légion d'Honneur et de la Couronne de Fer, chevalier de Saint-Louis,
vice-président du Corps Législatif, né à Peyrieu, près de
Belley, le 8 novembre 1754, mort à Nemours (Loiret) le
25 juin 1813. Fils de Balthazard d'Allemagne (*sic*), et de

(1) *Galerie militaire de l'Ain*, par M. Dufay, livraison du 15 août 1872;
p. 224.

(2) V. Henry Simon, *loc. cit.*, t. II, p. 14.

Marie La Salle, Claude d'Allemagne ou Dallemagne (1),
soldat au régiment de Hainaut, le 24 décembre 1773, et
caporal peu de temps après, devint sergent, le 10 octobre 1779, sergent-major le 16 mars 1786, sous-lieutenant le 15 septembre 1791, chevalier de Saint-Louis
le 10 juin 1792, lieutenant au 50ᵉ de ligne le 19 du
même mois, capitaine des grenadiers le 25 septembre
suivant, adjudant général le 27 décembre 1793, général
de brigade le 3 nivose an II, général de division le 15
août 1796, général en chef de l'armée de Rome en
1798, inspecteur général de la 21ᵉ division militaire le
8 août 1799, membre du Corps Législatif, commandant
de la 25ᵉ division militaire le 21 mars 1809, chevalier
de la Légion d'Honneur le 26 novembre 1803, commandant du même ordre le 14 juin 1804, et commandant de la Couronne de Fer en 1807. Le général baron
Dallemagne laissa de Mlle Gaudet deux fils : l'aîné
mourut en 1820 sans alliance, le second, Claude, né en
1804, décédé en 1867, avait épousé Marie-Françoise-
Ermance Jullien de Villeneuve d'où 1° Abel baron d'Allemagne, marié, en 1860, à Marie de Mayol de Lupé ;
2° Paul d'Allemagne, officier de cavalerie, époux, en
1866, de Marie Maupetit ; 3° Julien d'Allemagne, marié,
en 1864, à Marie-Thérèse Dumolard de Bonviller ; 4° Léon
d'Allemagne, époux, en 1861, de Camille Mornay.

Les armoiries que les biographes attribuent à la fa-

(1) La véritable orthographe du nom paraît être d'Allemagne (Archives
du ministère de la guerre) ; toutefois le général ayant toujours écrit et si-
gné sans apostrophe sous la République et l'Empire, cette orthographe a
acquis caractère historique. (V. *État présent de la noblesse française*,
p. 581.)

mille du général Dallemagne ne doivent pas être exactes, les voici néanmoins : *Coupé en chef au 1er d'azur à la tour d'or ouverte ajourée et maçonnée de sable (1) surmontée de trois étoiles d'argent, au 2e de gueules à l'épée d'argent ; en pointe d'or au pont de sable terrassé de sinople (2)* Devise : *Tout à ma patrie (3).*

148. 14 août 1813. Lettres patentes conférant le titre de chevalier de l'Empire à Marie-Frédéric Brillat-Savarin, colonel du 134e de ligne, né à Belley le 30 décembre 1768, mort le 4 octobre 1836. Armes : *d'azur au chevron cousu de gueules du tiers de l'écu chargé du signe des chevaliers légionnaires accompagné en chef de deux roses d'or et en pointe d'une grenade allumée de même (4).* V. n° 134.

149. 14 septembre 1813. Lettres patentes conférant le titre de baron de l'Empire à Georges Albert, commandant des grenadiers à pied de la vieille garde, officier de la Légion d'Honneur, né à Saint-Maurice d'Echazeaux, près Treffort, le 18 juin 1776, mort à Cornod (Jura), le 17 janvier 1855. Soldat au 10e bataillon du

(1) Cette tour rappelle la *forteresse d'Ehrenbreitstein,* rendue entre les mains de Dallemagne en 1797.

(2) Ce *pont de sable terrassé de sinople* évoque le souvenir du passage du pont de Lodi, par Dallemagne, en 1796, sous le feu de l'ennemi et le sabre en main.

(3) V. *Notice sur la vie et les campagnes du général Dallemagne,* par M. Dufay. Bourg, Milliet-Bottier, 1867, p. 33 et 82 ; *État présent,* p. 580· Si nous ne nous trompons le blason décrit ci-dessus doit avoir été délivré sous la Restauration ; l'Empire aurait blasonné *Coupé au 1er parti d'azur et de gueules, l'azur à la tour d'or ouverte ajourée et maçonnée de sable surmontée de 3 étoiles d'argent, le gueules au signe de baron militaire ; au 2e d'or au pont de sable, terrassé de sinople.*

(4) V. Lettre de M. A. Georgel, janvier 1872.

Jura, puis lieutenant le 10 août 1792. Albert fut nommé capitaine des grenadiers, le 7 brumaire, an v, chevalier de la Légion d'Honneur le 14 avril 1807, officier du dit ordre le 5 juin 1809, chef de bataillon le 24 juin 1811, chevalier de l'ordre de la Réunion le 9 août 1813, colonel du 1er régiment des tirailleurs de la jeune garde le 3 janvier 1814, maire de Cornod, membre du Conseil d'arrondissement, colonel de la garde nationale, président du comice agricole, etc. Sa fille avait épousé M. Reydellet, sous-préfet de Nantua, décédé à Cornod en 1856 (1). Armes : *porté au 1er d'azur au cavalier armé à l'antique d'or, perçant de sa lance un dragon renversé d'argent, l'un et l'autre contournés ; au 2e de sinople à la pyramide d'argent surmontée d'une grenade allumée d'or, champagne de gueules du tiers de l'écu brochant sur le tout et chargée du signe des chevaliers légionnaires ; franc-quartier de baron militaire brochant au 9e de l'écu* (2).

(1) V. *Galerie militaire de l'Ain*, par M. Dufay, liv. 15 avril 1872, p. 78.

(2) Nous retrouvons à l'instant les armoiries accordées avec le titre de baron de l'Empire à Claude-Joseph Buget, né à Bourg-en-Bresse, le 10 septembre 1770, mort à Perpignan, le 2 octobre 1839, grand-oncle de notre ami et collègue, M. Adrien Arcelin. Armes : *d'azur, à la main de carnation, ailée d'or, contournée et tenant une épée haute en pal d'argent croisetée d'or ; franc-quartier de baron militaire brochant au 9e de l'écu.* Nous rappellerons ici que des lettres patentes du titre de baron ont été concédées à Mgr Claude André, évêque de Quimper, en 1801, membre du Chapitre impérial de Saint-Denis, né à Montluel en 1743 ; à M. Bouvier des Eclaz, né à Belley, en 1757; à Jules-Frédéric-Amédée Laguette de Mornay, mort en 1845, etc., etc.. Nous ignorons les blasons à eux accordés.

Louis XVIII 1814-1824

150 ..... 1816. Lettres de noblesse accordées à M. Picquet, président à Bourg-en-Bresse, père sans doute de Claude-Joseph-Ambroise Picquet, maréchal de camp, né à Bourg-en-Bresse, le 4 avril 1780, mort à Paris, le 18 octobre 1855 (1).

151. 13 janvier 1818. Lettres patentes conférant le titre de baron à Louis-Athanase Rendu, procureur général près la Cour des Comptes, commandeur de la Légion d'Honneur, né à Paris le 27 juin 1777, mort à Ennery (Seine-et-Oise), le 4 janvier 1861. Originaire de Lancrans, canton de Collonges, arrondissement de Gex, la famille Rendu se divisa en plusieurs branches. L'une d'elle a donné un président de la Chambre des Comptes de Genevois à Annecy en 1657, un aumônier de l'évêque de Genève à Annecy en 1734, un évêque d'Annecy, mort en 1859 (2), etc. A une autre branche appartenait Sébastien Rendu, notaire royal et greffier au bailliage de Clermont-en-Beauvoisis. Ce Sébastien Rendu laissa de Marie Crépin un fils Sébastien-Louis qui suit :

I. Sébastien-Louis Rendu, né en 1730, notaire royal

---

(1) V. *Catalogue de la noblesse des colonies et des familles anoblies ou titrées sous l'Empire, la Restauration et le Gouvernement de Juillet*, par L. de La Roque et E. de Barthélemy. Paris, Dentu, 1865, p. 81.

(2) Mgr Louis Rendu, évêque d'Annecy, né à Meyrin (Ain) en 1789, mort en 1859, portait *d'azur à 2 gerbes d'or croisées et surmontées d'une croix d'argent*. Il était cousin de la célèbre sœur Rosalie Rendu. V. Lettre de M. l'abbé Ducis, archiviste de la Haute-Savoie, janvier 1872.

à Paris, épousa : 1° Anne Bourdin et en eut un fils, Pierre-Sébastien Rendu, qui se fixa à Tonnerre , 2° en 1769, Marie Gillet dont il eut :

II. Louis Athanase Rendu, procureur général, baron le 13 janvier 1818, né à Paris en 1777, mort à Ennery en 1861, marié le 19 mai 1801 à Anne-Marie Garnier, fille du procureur général de ce nom, baron de l'Empire, d'où sept enfants trois, filles et trois fils. L'un d'eux, Théodore, né le 2 thermidor an x, mort le 12 janvier 1861, époux de Mlle Vallot, est père du baron Athanase-Louis Rendu, né le 12 mai 1834, marié, en 1863, à Mlle Combe-Siéges, dont une fille, Justine-Marie Rendu.

III Ambroise-Modeste-Marie Rendu, commandeur de la Légion d'Honneur, inspecteur-général et grand trésorier de l'Université, né à Paris le 25 octobre 1778, mort à Ennery le 12 mai 1860, père de quatre enfants dont deux fils, Ambroise, avocat au Conseil d'État, décédé à Vichy en 1864, et Eugène, inspecteur de l'Université.

IV. Armand-Louis Rendu, né à Paris le 18 novembre 1779, mort à Paris vers 1830, laissant trois enfants : Armand, décédé avoué à Paris, Madame de Mas-Latrie et la baronne Richerand.

V. Achille-Louis Rendu, né le 10 août 1781 à Paris, mort en cette ville en 1863, père de trois enfants : un fils, Victor, inspecteur général de l'agriculture, et deux filles (1). Armes : *d'azur à la fasce d'argent chargée d'un*

(1) V. *Les naturalisés de Savoie en Bourgogne*, par M. A. Albrier. Nous nous proposons de publier un jour une étude généalogique aussi exacte que possible sur la famille Rendu ; nous prions donc nos amis et collègues

croissant de sable accosté de deux étoiles de même, accompagné de trois gerbes d'argent deux en têtes et une en pointe (1).

152. 31 août, 1819. Lettres patentes conférant le titre de baron à Antoine-Dominique Auriol, écuyer, avec majorat volontaire de 5.000 fr. composé de biens sis dans l'arrondissement de Trévoux. Armes : *d'azur au chevron d'or, accompagné en chef de deux étoiles d'argent et en pointe d'un oiseau du même* (2).

153. 13 novembre 1849. Lettres patentes accordant le titre de baron à Alphonse Valentin du Plantier, lieutenant de hussards. Un de ses parents, Victor-Auguste Valentin du Plantier était, en 1868, attaché au ministère de l'intérieur. M. Valentin, conseiller au Parlement de Dombes en 1754, eut deux fils : l'aîné, lieutenant général au présidial de Bourg en Bresse, a été préfet du Nord (3), le second, capitaine de frégate, a été le père de Joannès-Erhard Valentin-Smith, conseiller honoraire à la Cour de Paris, membre du Conseil général de l'Ain, maire de Trévoux, et officier de la Légion d'Honneur. Armes : *Coupé de gueules et d'or à cinq besants en sautoir de l'un en l'autre* (4).

---

de vouloir bien nous communiquer tous les renseignements qu'ils pourraient avoir sur cette maison.

(1) V. Lettre de M. baron A. Rendu, 15 mars 1872.

(2) V. Borel d'Hauterive, *Annuaire de la noblesse*, 1860, p. 397.

(3) M. Valentin du Plantier, préfet du Nord, a été conseiller d'Etat et baron de l'Empire. Nous ignorons quelles étaient les armoiries à lui concédées par Napoléon Ier.

(4) V. *Armorial des Dombes*, par d'Assier de Valenches.

Charles X, 1824-1830.

154. 26 février 1825. Lettres patentes conférant le titre de vicomte à Louis-Pierre Bellet de Tavernost, écuyer, baron de Saint-Trivier, ancien conseiller au Parlement de Bourgogne, avec majorat composé du château de la Tourette (Rhône). M. Bellet de Tavernost, né à Trévoux le 20 octobre 1760, mort à Lyon le 31 janvier 1831, avait épousé, le 19 mai 1797, Bonne-Marie, fille de Jean-Pierre-Philippe de Lacroix de Laval, chevalier d'honneur en la Cour des Monnaies de Lyon, et de Catherine-Elisabeth Robin d'Orliénas, d'où un fils œnologue distingué. Le vicomte Bellet de Tavernost était fils lui-même de François-Elisabeth Bellet de Tavernost, baron de Saint-Trivier, avocat général honoraire au Parlement de Dombes, et de Marie-Judith Duplessis de Labrosse, petit-fils de M. Bellet de Tavernost, chevalier d'honneur au Parlement de Dombes, et arrière-petit-fils de Nicolas Bellet de Tavernost, premier président en la même cour. Armes : *d'azur à la bande d'or chargée d'une aigle de sable posée dans le sens de la bande* (1).

155. 28 octobre 1826. Lettres patentes accordant le titre de baron de Lange à Antoine-Jean-Marie Ducret de Lange, écuyer, avec majorat composé de la terre de Lange, canton de Bagé-le-Châtel. M. Ducret de Lange, mort le 21 décembre 1868, était conseiller général de l'Ain et chevalier de l'ordre de la Légion d'Honneur. Il

(1) V. *Histoire du Parlement de Bourgogne*, par S. des Marches. Chalon-sur-Saône, Dejussieu, 1851, in-fol.

était fils de Jean-Marie Ducret de Larvolo, écuyer, seigneur de Lange, capitaine de cavalerie, et d'Anne-Louise Ville, et petit-fils d'Antoine Ducret, conseiller du roi, auditeur en la Chambre des Comptes de Dôle. Armes : *d'azur, à la fasce d'or accompagnée en chef de trois trèfles, et en pointe d'un croissant du même.*

156. Octobre 1829. Lettres patentes conférant le titre de baron à Balthazard-Anthelme Richerand, chirurgien-adjoint de l'hôpital Saint-Louis, membre de l'Académie de médecine, né à Belley le 4 février 1779, mort à Paris le 23 janvier 1840. M. Richerand devait constituer un majorat pour rendre son titre héréditaire : ne l'ayant pas fait en temps utile, son fils aîné dut solliciter du gouvernement impérial des lettres patentes confirmatives de ce titre de baron héréditaire (1861). Armes : *de gueules, au portail de l'Hôpital Saint-Louis d'argent maçonné de sable surmonté de deux plumes d'or posées en sautoir.* Support; *deux griffons ailés.* Devise : *Mérite et dévouement* (1).

(1) V. *Armorial des médecins et chirurgiens titrés depuis 1808*, par A. Georgel, apd. *Revue historique et nobiliaire*, octobre 1869, p. 460.

Le travail que nous venons de publier sur les *Anoblis de l'Ain de 1408 à 1829* est loin d'être complet, nous devons le reconnaître. Nous avons donné les renseignements que nous avions entre mains purement et simplement ; nous reviendrons, du reste, bientôt sur l'époque contemporaine dans nos *Anoblis de la région lyonnaise au XIXᵉ siècle*. (*Ain, Rhône, Loire, Isère*). Qu'il nous soit permis dès aujourd'hui de faire appel à la bienveillance et à l'extrême obligeance de nos lecteurs ; les renseignements qu'ils voudront bien nous communiquer seront les bienvenus.

www.ingramcontent.com/pod-product-compliance
Lightning Source LLC
Chambersburg PA
CBHW070915280326
41934CB00008B/1735